新媒体时代新闻传播研究

蔡晓辉 著

图书在版编目（CIP）数据

新媒体时代新闻传播研究 / 蔡晓辉著. -- 湘潭 : 湘潭大学出版社, 2023.10
ISBN 978-7-5687-1266-8

Ⅰ. ①新… Ⅱ. ①蔡… Ⅲ. ①新闻学—传播学—研究 Ⅳ. ①G210

中国国家版本馆CIP数据核字（2023）第187320号

新媒体时代新闻传播研究

XINMEITI SHIDAI XINWEN CHUANBO YANJIU

蔡晓辉 著

责任编辑：刘文情
封面设计：张　波
出版发行：湘潭大学出版社
社　　址：湖南省湘潭大学工程训练大楼
电　　话：0731-58298960 0731-58298966（传真）
邮　　编：411105
网　　址：http://press.xtu.edu.cn/
印　　刷：长沙创峰印务有限公司
经　　销：湖南省新华书店
开　　本：710 mm×1000 mm 1/16
印　　张：10.5
字　　数：202千字
版　　次：2023年10月第1版
印　　次：2023年10月第1次印刷
书　　号：ISBN 978-7-5687-1266-8
定　　价：50.00元

目　录

第一章　新媒体及其传播特性

第一节　什么是新媒体

新媒体这个概念是1967年由美国哥伦比亚广播电视网技术研究所所长戈尔德马克最早提出来的。后来，1969年美国传播政策总统特别委员会主席E·罗斯托在向尼克松总统提交的报告书中也多次提到“新媒体”这一概念。由此，“新媒体”一词在美国开始广泛流行，并在不久之后影响了全世界。

新媒体是一个相对的、动态的概念，它的内涵会伴随着通信技术的发展而有所改变，新媒体总是特指“今日之新”。由此可以看出，新媒体似乎永远都是个相对的、动态的概念，当我们要研究新媒体的概念时我们就要知道它的内涵与外延，因而学术界关于新媒体的定义也是各抒己见，各有所长。比较有代表性的是郭庆光教授对新媒体的见解，他认为，我们所谈论的新媒介主要指随着卫星通信、数字化、多媒体和计算机网络等技术的发展而出现的新型传播媒介，包括跨国卫星广播电视，多频道有线电视，文字、音像的电子出版以及作为信息高速公路之雏形的互联网络等。上海文广新闻传媒集团的总裁曾说道：“我们所谓的新媒体是相对而言的，是在我们平时见到的报刊、广播、电视等传统媒体以后发展起来的新的媒体形态，最常见的就是数字媒体和网络媒体，新媒体是未来媒体发展的重点，正受到广泛关注，其发展前景不可限量”。科技日报社的副社长汤东宁也认为，“新媒体主要是指以网络为主体的新兴的传播平台”。有些学者认为新媒体就是一种为信息共享和传播提供平台的互联网；还有些学者也将新媒体定义为“互动式复合化数字媒体”。

根据以上观点，笔者认为，不能单一地把网络媒体称为新媒体，实际上这是一个相当笼统的概念，新媒体只是一种简单易懂的表达方式，而“数字化互动式新媒体”则是比较精密的表达方式。从技术层面上来看，新媒体具有数字化的特征；从传播特性上来看，新媒体具有高度的互动性。所以新媒体的基本特征就包括数字化和互动性。并且新媒体传播信息的发送和接受既可以是同步的也可以是异步的，因此新媒体的传播过程具有非线性的特点。新媒体是会随着传播技术的进步而有所改变的一个相对的含义。新媒体特指今日之新，并且从人类传播的历史来看应是一个时代的范畴，并非昨日之新或者明日之新。因此不同的历史时期会存在着不同的新媒体。例如，工业革命时期，报纸相对于口头传播，人际传播以及书籍，就是新媒体；1920 年左右，无线电广播技术以其独有的快捷和方便的传递信息等特性，弥补了时空上对报纸的限制，相对于报纸而言，广播能带来具有强烈感染力的现场感，成为当时的新媒体；1928 年 7 月初，约翰·罗吉·贝尔德在纽约研制出的一台彩色电视，标志着电视时代的到来，电视以其信息传播及时、画面生动形象等特点，成为当时影响较大的新媒体；当我们进入信息时代，网络媒体就是继广播电视之后的又一崭新传播媒介，也就是这个时代的新媒体。

当前，关于新媒体概念的内涵与外延的说法处在混乱的状态，但我们并不能因为这些学者的看法不统一等问题，就忽视了传统的类别和属性差别，也就是说对新媒体的定义需要缜密的研究，片面的研究只能让我们在研究新媒体的道路上越偏越远。最近几年我们定义新媒体最常用的是推理论证的方法，并且证明得出了各种对于新媒体分类的假设，然后将分离出来的这些类别进行划分。但是这些以形而上学的方法确立的体系从根本上失是去了准确性的，并且这些体系还总是处在争论与分歧之中，最后还偏离了新媒体本身是什么的这个最本质的问题。关于新媒体比较有代表性并且有一定影响的观点有：美国的《连线》杂志将新媒体定义为“所有人对所有人的传播”，这个观点很明确地点明了新媒体的本质特征，但这并不是概念性的定义，只能算是一种口号；一家博客咨询网的开创者凡·克劳思贝将新媒体定义为，“就是能对大众同时提供个性化的内容的媒体，是传播者和接收者融会成对等的交流者，而无数的交流者相互间可以同时进行个性化交流的媒体。”他明确地指出了新媒体的“一对一”“一对多”“多对多”的传播模式，但这与“所有人对所有人的传播”有些类似，这个定义还需要提炼完善。我国国内的学者关于新媒体也有各自的见解，“新媒体是采用当代最新科技手段，将信息传播给受众的载体，从而对受众产生预期效应的介质。”这一观点力求成为新媒体比较全面的概念，希望这个概念能经受住时间的考验，但是这种尝试似乎没有实际意义，新媒体是一个不断发展变化的概念，在这里不能有模糊的时间限定，所以这不能很准确地定义新媒体；清华大学新闻与传播学院新媒体研究中心主任曾在中国网络媒体论坛上指出，“今天的新媒体主要是指在计算机信息处理技术基础上产生和影响的媒体形态，包括在线的网络媒体和离线的其他数字媒体形式。”这一定义的观点明确清晰，但这种观点在处理技术上范围过大，许多传统媒体也在运用计算机信息处理技术，所以此观点也需进行完善。

综合以上观点，笔者认为新媒体是所有人向受众通过崭新的传播方式交互地实现个性自主选择和传播信息的媒介。关于定义新媒体的内涵，我们必须注重个体自由选择性这个鲜明的特征，并且新媒体所推动的不仅仅是传媒业的飞速发展，而是整个社会的全面发展。在新媒体飞速发展的今天，我们也不能忽视传统媒体，因为传统媒体与新媒体是相辅相成，缺一不可的服务着大众，我们应该注重将传统媒体与新兴媒体融合发展。

第二节　新媒体的传播特性

新媒体是伴随着媒介传播方式的改变、革新以及新闻信息传播者与接收者的角色互换而发展的。虽然中国进入新媒体时代的时间比较短，但是它的发展速度却是出乎意料的，让人们有些措手不及。从 20 世纪 90 年代中期中国引进互联网技术以来，到 2023 年，在中国互联网的用户就已经到达了 10.51 亿人，稳居世界第一位；手机在中国普及的时间还不长，我国手机用户就达到了 33 亿，稳居世界第一。1998 年腾讯公司研发出 QQ 聊天软件，到 2001 年注册用户高达 9000 万，2006 年就达 4.3 亿，而最高同时在线用户竟高达 2000 万。究竟新媒体为何能有如此强大的发展趋势，这就要从新媒体的三大特征说起。

一、新媒体的突出特征——数字化

科学技术的进步带动了传播媒介的发展，20 世纪 40 年代数字技术的发明以及飞速的发展给传播媒介技术带来了一次巨大的革新，这样就使数字化成了新媒体的最显著的特征之一。在我们生活当中的车载移动电视、手机等便携终端设备接收的文字新闻以及网络广播和网络电视等，这些新媒体使我们在没有意识到的情况下融入我们的生活中，成为我们的生活必需品。数字化是新媒体的一个重要特征。而且，新媒体这种运用数字技术的表达方式不仅突破了媒体的特性限制，还打破了传统媒体根深蒂固的传播方式，这样受众就可以使用多种传播途径来传播。

伴随着数字化技术的到来，新媒体的队伍也在不断壮大。以数字化技术为依靠，由互联网蜕变而产生的，再经过手机这个原本简单的通信工具，成为一个多样化并不断强盛的新媒体大家族，以互联网为媒介的依托，博客、播客、手机报、手机电视、手机杂志等，数字化技术也让大量的传统媒体融入新媒体的阵容当中，就媒体形态来说，传统媒体借助新媒体技术改变了自身的呈现方式，如网络电视、网络广播、电子杂志都是借助了新媒体的传播技术和传播方式来展现传统媒体传播的信息内容。

二、新媒体的本质特征——多向互动性

新媒体同时具有大众传播媒体和人际传播媒体这两者的优点，还能弥补大众传播媒体与人际传播媒体的不足。受众在同一时间都可以接收到完全的个性化的信息。并且传播者可以不受限制的同每一个受众进行交流。在新媒体信息传播的过程中，受众再也不是处在传播最末环节的只能接受信息的主体，这也说明了在新媒体传播活动中没有了受众这个单一的理念。新媒体偏向个性媒介，它是属于社会每个人的传播工具，不论身份、年龄、职业，每个人都可以通过互联网发表言论和信息，它带给了传统媒体中的“沉默的大多数”说话和发表个人观点的机会。在新媒体的传播中，受众不仅拥有主控权，而且还可以选择接受信息的时间、内容、主题，并且可以随时反应自己的态度以及决定，可以将自己的见闻和思想通过网络传递出去，还能通过信息的高速通道将信息传递给其他的接收者。任何人只要

“有话要说”，均可将自己的思想、观点传播出去。任何“志趣相投”的人也可以在网络上交换意见，毫不受“守门人”的影响。这种逐渐形成的新媒体，对社会、对既存媒体将带来巨大影响。

和传统媒体相比，新媒体改变了原有的新闻信息传播的状态。它将传统媒介的“点对点”的传播方式转变为“点对面”的传播，这样实现了传播主体与接收主体的多向互动，并且这些新出现的传播媒介还给信息接收者提供了一个双向交流的平台。在参与性较强的节目中，受众所反馈的意见甚至会影响到节目的后续流程。受众在与媒体交流的同时，还可以同其他受众进行交流。受众不再仅仅是新闻信息的接收者，同时也能担任信息传播者的角色，新媒体不但改变了受众的思维方式，也在不断地影响着受众的思维习惯。传统大众传播媒介的“你说我听”“你播我看”单向的传播形式也在被新媒体不断改变着，它还改变了受众在传统大众传播过程中的被动地位，使新闻信息的传播形式由单向被动的形式转变为多向互动的新传播形式。

这也说明了，传统媒体的传播者和接收者有着非常清晰的角色定位，传播者利用传播媒介发布新闻信息，而接收者只能被动地接受传播者发布的各种新闻消息，不管喜欢与否，接收者都没有选择并且无从表达自己的意见。但当我们进入新媒体时代，新媒体的快速发展，使传播者和接收者之间的角色划分变得模糊了，受众不再只是被动地接受新闻信息，新媒体还为受众提供了可以同传播者进行互动以及交换信息的载体，从某种程度上在接受的同时也变成了传播信息的传播者。因此在新媒体时代中，就不再有传统意义上的受众了。新媒体的这个特征也是改变了新闻传播主体的重要原因。

三、新媒体具有分众化、个性化的特征

在传统媒体的传播活动中，受众所面对的传播内容大体相同，受众几

乎没有什么选择的权利，受众唯一能做出的选择就是读哪家的报纸，看什么电视频道。但是在新媒体面前，受众对传播信息不仅仅有选择的权利，还有控制的权利，甚至可以改变传播信息的内容和形式。

随着我国社会经济的快速发展，经济体制的不断完善，我国的社会阶层发生了重大的改变，现在的社会不只有工人以及农民阶层，还出现了许多新的职业阶层，如自由职业者、私营企业者、外企工作人员。社会上每一个阶层除了必要的信息之外，都会根据个人的爱好和兴趣而有特殊的要求，很显然传统的传播信息的方式在信息的覆盖面上无法涵盖所有的阶层，也不能满足每一阶层的特殊需求，因此传播分众化也是我国社会发展对新媒体传播活动提出的必然要求。所以新媒体传播具有分众的效果，它根据受众的需要将受众从大众中分离出来，并且进一步把受众分化出小众，并且将准确的信息发送给他们，适应了受众对信息需求的多样化。由于传统媒体不管是在新闻信息的覆盖面还是流通量上都无法再满足社会快速发展的需求，新的传播媒体的出现直接有效地解决了传统媒体所面临的困境，新媒体又能为受众提供个性化的信息服务。例如，我们日常使用的微博、QQ 空间等，我们可以根据个人的需求修改界面和内容，并且能够提供新闻定制与检索的功能，还开辟了一系列专题，如旅游、游戏、军事、体育、科技、音乐、家居、法治、星座、理财、饮食等信息类型，为不同兴趣的用户提供了大量的特殊化信息，这些个性化新媒体满足了每个人的信息传播的需要。

新媒体本身的个性特点使得传播活动更依赖信息的接收者，关注接收者的需求，从而得到更有效的传播方式。因此，新媒体抓住了特定群体的需求，导致新媒体的传播分众化成为新媒体发展的必然方向。在某种意义上来说，新媒体就是同一时间可以针对每一个受众提供不同的个性化的信息的媒体，它可以为信息传播者和接收者提供一个平等交流的平台，而且这些交流者相互之间还可以同时进行个性化交流互动。

综上所述，从新媒体这三个显著的特征中，我们不难看出，新媒体的诞生与发展不单单是传播史上的又一次伟大飞跃，并且它的传播内容、形式、效果和理念也对我们的社会生活产生了巨大的影响，这个影响更是前所未见的。

第三节　新媒体的技术基础

新媒体是现代科技进步的产物。电子计算机技术、网络传输技术和无线通信技术是当代新媒体的技术基础。

一、数字技术是新媒体成长的原点

1946 年，第一台电子多用途计算机埃尼阿克（ENIAC）在美国问世，而它的研制者也许并没有预料到这台用电子管构成的笨重设备对于未来的影响。随着电子技术的进步，晶体管取代了电子管，集成电路取代了晶体管。超大规模集成电路又取代了中小规模的集成电路，计算机也从最初的电子管计算机发展到现在的超大规模集成电路计算机。

最初的电子计算机其用途为数据运算，1981 年 IBM 公司推出了首台个人计算机（PC），这在计算机发展史上具有划时代的重要意义，从此，计算机开始走向大众，应用领域和范围迅速扩大。随着计算机性能的快速提高，如今的计算机已经广泛应用于社会生活的方方面面，成为人们一件必不可少的工具。

有信息就有信息处理。人类长期的传播实践活动，离不开信息的贮存、选择及加工处理过程。20 世纪中叶以来，随着计算机技术的不断发展，计算机成为人们进行信息处理的重要工具。文字是最早实现数字化的信息符号，因而，计算机信息处理系统最先应用于传统媒体领域。在纸媒出版方面，“告别铅与火，迎接光与电”，计算机数字排版系统的问世，为纸媒出版带来了一场深刻的革命，沿用了数百年的铅排印刷被数字胶印技术所取代，纸媒的印装质量大幅提高。随着图片数字化技术的发展，彩色排印系统日臻成熟，由于彩色读物相比单色读物包含更多的信息量并具有更好的阅读体验，彩色印刷已经成为纸媒的主流方向。随着信息数字化技术的进一步发展，广播电视的数字化程度大幅提高，数字信号全面取代早期的模拟信号，数字编辑系统改变了模拟信号时代的工作方式，对提高广播电视内容质量发挥了重要作用。

计算机信息处理技术的核心是信息的数字化技术。信息的数字化就是将人类可感知的信息内容转化为计算机可识别的数字编码技术，人们可以运用计算机对这些数字信息进行信息处理和存储，这些数字信息通过数字解码经终端输出系统再度为人们所感知。由于计算机信息数字化遵循统一的数字信息格式标准，这就为各种数字信息系统共享信息奠定了基础。

当代新媒体是建立在信息数字化基础之上的新的数字信息传播体系。没有信息的数字化基础，也就没有当代新媒体形成和发展的条件。图像分辨率更高、画面色彩还原度更好、音频音质更为细腻是信息数字技术的发展方向。

近年来，人工智能领域研究进展迅速，正在语言识别、图像识别和自然语言处理等方面取得一系列突破，正在对新媒体的发展产生重要影响。

二、互联网是新媒体发展的根基

1969 年，美国人建成了世界上的第一个计算机网络——阿帕网，当时这一网络只有两个节点，到 1981 年时，节点数达到了 213 个。1977 年到

1979 年，阿帕网推出了目前形式的 TCP/IP 体系结构和协议，到 20 世纪 80 年代前期，阿帕网上的所有计算机开始了 TCP/IP 转换工作，此后，以阿帕网为主干网建立了初期的互联网。1981 年，美国计算机网络上消息栏首次使用，阿帕网也在美国本土不断扩大。

在欧洲，科研人员开发出联合学术网等网络，经过一段时间的磨合，1984 年与美国阿帕网接通。1985 年，美国国家科学基金组织采用 TCP/IP 协议将分布在美国各地的六个为科研教育服务的超级计算机中心连接起来，形成国家科学基金网。1986 年，国家科学基金网替代阿帕网成为互联网的主干网，“internet”这一名称开始正式使用。1988 年，互联网开始对外开放，结束了仅供计算机研究人员和政府机构使用的历史。1989 年互联网开始进行商业运作，一批提供上网服务的公司应运而生。

1989 年，英国科学家泰姆伯纳斯·李和比利时人罗伯特·凯利奥在欧洲粒子物理所提议和创造了在互联网上使用超文本来发布、分享和管理信息的方法，这是一个相互链接在一起、通过网络浏览器来访问的超文本文档系统，浏览器里看到的网页，可能包含文本、图像以及其他的多媒体信息格式，通过文档之间的超链接，可以从一个网页浏览到其他网页。同年，美国国家超级计算机应用中心发明了一种超文本的浏览器，为在互联网上查询、浏览各种信息提供了有效的手段，这就是人们现在很熟悉的万维网（World Wide Web）。

万维网的功能具有两大特点：一是文字、图形、动画、声音、影像等多媒体信息都可以在网页上得到展现，网页的形式更加生动，内容更加丰富。二是超文本链接技术使各种离散信息通过节点标记和链接形成了相互的关联，为浏览共享提供了实现条件。

1990 年，万维网开始在全世界普及。到 1991 年 6 月，世界联网的计算机中，商业用户首次超过了学术用户。在这个时期，大批商业机构开始在互联网上刊登网页广告，提供各种信息，互联网开始真正走入家庭。各种传统的大众传媒开始与互联网融合，开辟了网络传播的新纪元。

1995 年，美国国家科学基金会将网络经营权转交给美国三家最大的私营电信公司，网络发展从此进入产业化运营和商业化应用阶段。从此，个人电脑迅速普及，电子商务蓬勃发展，网络媒体功能开始全面显现。

1994 年，中国科学院高能物理研究所网络与中关村网络正式接入国际互联网，1995 年，我国在北京和上海正式建立了国际节点，完成了国际互联网与国内公用数据网的互联互通。

20 世纪 90 年代中期以后，国际互联网进入了一个快速发展阶段，网络新媒体也在这一时期得到了飞速发展。在与传统媒体竞争过程中，形成了相互依托、共荣共存的发展态势。在传统媒体网站之外，一些组织及个人利用网站、主页等网络工具定期制作和发布新闻的网络自主媒体蓬勃兴起。由于互联网具有报纸的详尽、深入与可保存的优势，电视的视听合一、形象生动的特点，再加上互动、即时、延展、融合等特征，很快就对传统媒体形成了巨大挑战，同时也为传统媒体的发展提供了一个崭新的空间。

1992 年，美国《圣何塞信使新闻报》创办了全球第一份网络版报纸，从此各类传统媒体先后向互联网进军。从世界范围来看，网络报纸经历了四个发展阶段：1992 年到 1996 年电子版阶段，报纸只是把印刷版的内容原封不动地搬上网；1996 年至 1997 年的超链接阶段，通过对文本中间的一些关键字建立链接，使信息之间的关系更加直接，同时在网络版上还开辟了电子论坛、聊天室、邮件列表等服务，实现了双向交流；1997 年以后的网络专用新闻阶段，报纸网络版与印刷版相对独立，有一批专门为网络版工作的新闻采编人员和技术人员，提供网络版的独家新闻报道，并且初步具有了多媒体报道的特征。2003 年以后，伴随着媒介融合的趋势，网络报、手机报等开始流行起来。

1995 年 8 月，美国广播公司（ABC）首先利用互联网进行全球广播。从此以后，世界上许多著名的广播电视媒体纷纷上网，将数字化的音频、视频信息通过互联网进行传播，成为网络传播多媒体形态的重要体现。1997 年以后，很多记者开始专门为互联网频道做新闻，允许用户参与新闻报道，实现多元互动。

2003 年以后，在经历了世纪之交的网络泡沫，互联网企业开始不断尝试新的商业模式，互联网发展进入了 Web2.0 时代。网络界一般将以浏览器为特征的“一对多”式的传播网站称为第一代网站（Web1.0），而将以聚合内容技术和标签技术为特征的个性化传播网站称为第二代网站（Web2.0）。在 Web2.0 时代，用户自身创造和共享信息资源，网站设计更注重用户的交互作用，用户既是网站内容的消费者，也是网站内容的创作者。

中国互联网协会在 2006 年《中国 Web2.0 发展现状与趋势调查报告》中对 Web2.0 的定义是：“互联网 2.0（Web2.0）是互联网的一次理念和思想体系的升级换代，由原来的自上而下的由少数资源控制者集中控制主导的互联网体系转变为自下而上的由广大用户集体智慧和力量主导的互联网体系。”互联网实验室（方兴东于 1999 年创立）认为，Web2.0 不单纯是技术或者解决方案，它是一套可执行的理念体系，实践着网络社会化和个性化的理想，使个人成为真正意义上的主体，实现了互联网生产方式的变革。

微内容是 Web2.0 的传播基础，它结构单一，是不能再分解的内容数据，包括用户个体所形成的任何数据。现在微内容已经充斥我们生活的方方面面，我们每天都生产众多的微内容，也消费众多的微内容。Web2.0 重点正是对这些微内容的重新发现和利用，帮助用户收集、创建、管理、分享微内容。喻国明教授认为，这种让全民共同决定和编织传播的内容与形式，让每个个体的知识、热情和智慧都融入其中，让人们在具有最大个性选择的聚合空间内实现共享，这恰恰是新媒体传播时代的价值真谛。Web2.0必然用一种新的形式带给我们一个高效、新鲜而有活力的传播领域，新的传播时代即将到来。

2018年中国互联网产业借助各类科技成果升级，产业结构持续优化，与数字化结合塑造互联网新经济形态。随着大数据、人工智能、云计算、物联网的广泛应用，新兴业态和传统产业的深度融合，有望激活传统产业潜能。2020年，我国基础设施建设持续推进，全国互联网顶层互联互通架构进一步完善，向“全方位、立体化”网间架构布局持续迈进。骨干网直联点大幅扩容，疏导能力持续增强，网间带宽达到14.3Tbps，年增幅超过30%。

2009年8月，门户网站新浪推出“新浪微博”内测版，成为第一家提供微博服务的门户网站。微博随之蓬勃发展，不仅各种网络热词迅速走红网络，而且微博也逐渐显示出强大的传播力。2010年被称为媒介融合年，我国“三网融合”起步，如果说微博在改变传播形态，那么“三网融合”则在改变传媒业态。《中国新媒体发展报告（2020）》指出，新媒体已经成为我国公众获取新闻信息的主要渠道；传统媒体手机新闻客户端遭遇现实生存的挑战；用户下沉成为新媒体行业发展新动向。

三、移动互联网是新媒体扩展的枝干

移动互联网是移动通信技术与互联网相融合的产物。移动互联网继承了移动通信随时、随地、随身的便捷性和互联网分享、开放、互动的优势，是整合二者优势的“升级版本”，也被人称作Web3.0。移动互联网是互联网的技术、平台、商业模式和应用与移动通信技术结合并实践的活动的

总称。

移动电话的历史起源于20世纪初，而世界上第一台无线便携式报话机是在1938年由美国信号工程学实验室发明的，这款产品被命名为SCR－194和195，它体积巨大，非常笨重，重量大约25磅（约11.3千克），支持5英里（约8千米）的通话范围。

1973年，前摩托罗拉副总裁马蒂·库珀申请了一项名为“无线电通话系统”的专利，他是全球首位通过移动设备拨打电话的人。

1983年，世界上第一台移动电话摩托罗拉DynaTAC问世，由美国Ameritech公司在芝加哥提供第一项1G（第一代移动通信技术）模式服务。

1G模式也被称为第一代移动通信技术，采用的是模拟蜂窝移动通信网，只能为用户提供有限的通信服务。

20世纪90年代初期，随着数字技术和微型电子芯片技术的发展以及移动通信终端硬件和软件的进一步数字化，移动通信系统不仅可以提供语音服务，也可以提供慢速的数据业务，移动通信终端可以随时随地收发短消息、电子邮件及浏览网页，这就是第二代移动通信技术，亦称2G。与第一代模拟蜂窝移动通信相比，第二代移动通信系统采用了数字化制式，具有保密性强、业务丰富、标准化程度高等特点，通话质量、安全性等方面都比第一代有了很大的进步，这使移动通信得到了空前的发展，从过去的补充地位跃居主导地位。与此同时，大规模的生产降低了手机的成本，手机开始从奢侈品走向平民化。1994年10月，我国移动通信进入数字移动通信时代。1997年8月，我国手机用户突破了1000万，2001年4月达到了1亿用户，并于同年7月超过美国，使我国成为全球移动用户最多的国家。此后经过短短一年，2002年，我国移动用户便突破了2亿，并由此进入了快速发展时期。

随着用户数量的迅速增加，手机应用开始向多样化方向发展，对移动运营商网络接入速度也提出了更高的要求。由于第二代移动通信技术只能提供窄带业务，因此出现了基于 GPRS 技术基础上的 2.5G 技术。网速的提高进一步激活了应用功能的扩展，手机也逐渐从语音平台演化为多功能媒体平台，手机已不再只是简单地作为信息接收终端使用，而且成为用户融入网络、实现网络生活的重要工具。

面对日益增长的应用需要，第三代移动通信技术（3G）进入实用化阶段。第三代移动通信技术是无线通信与互联网等多媒体通信相结合的新一代移动通信系统。与之前的技术相比，3G 最大的特点是其超越了手机所依赖的无线通信技术，实现了手机与电脑的融合，使手机成为新的“个人通信终端”。手机的功能充分向多媒体化和信息处理智能化方向发展，成为人们随身携带的“信息中心”。

第四代移动通信技术（4G）时代的开启以及移动终端设备的进步正在为移动互联网的发展注入巨大的能量。4G 技术带来的不仅是更快的接入速度，而且是移动通信技术与互联网 Web2.0 充分融合的产物。它使手机作为“信息中心”便携式的优势得到充分发挥，使人们不再受上网条件的局限，可以随时随地接入互联网并进行复杂的信息处理和信息传播活动。4G 带来的不仅是无处不在的网络环境，它正在深刻地改变着人们的工作方式和生活方式，也正在全面地推动新媒体的进一步发展。

第五代移动通信技术（5G）时代的到来满足了人们对超高流量密度、超高连接密度以及超高移动性的需求，5G 是物联网快速发展的时代，在大数据技术和人工智能技术的驱动下，手机的随身媒体功能必将进一步强化，5G 时代为我们带来更加丰富的网络应用和更加便捷的内容分享。

第四节　新媒体传播方式的改变

一、互联网媒体

互联网媒体是指信息传播者、信息接收者以互联网作为信息传播媒介的新兴媒体。互联网的出现不仅仅为人们增添了一种新的信息传播通道，更重要的是，人们利用互联网建立起了全新的信息传播机制，使信息传播全面覆盖了人类社会生活的各个方面，大大提升了信息在社会生活中的基础性作用，从而引领人类全面进入信息化时代，对人类文明的发展进步产生了十分深远的影响。

（一）互联网媒体的发展历程

1. 互联网媒体的初兴阶段

1994 年至 1998 年为互联网媒体的初兴阶段。1994 年，互联网实现了由科研教育领域向商业性计算机网络的转型，一批以搜索引擎服务来吸引用户的商业门户网站迅速崛起，从而引发了全球性的互联网热潮。

雅虎（Yahoo!）是全球第一家提供因特网导航服务的网站，总部设在美国加州圣克拉克市，在欧洲、亚太区、拉丁美洲、加拿大及美国均设有办事处。雅虎是最老的“分类目录”搜索数据库，也是最重要的搜索服务网站之一，在全部互联网搜索应用中所占份额达 36% 左右。所收录的网站全部按照类目由人工编辑分类。其数据库中的注册网站无论是在形式上还是内容上质量都非常高。1996 年 4 月，雅虎在美国华尔街上市，公司的创始人之一，来自中国台湾的杨致远也成为互联网催生下的亿万富翁。

1994 年 4 月，中国科技网与国际互联网实现了全功能网络连接，此后，国内的网络纷纷接入互联网，中国互联网也开始了发展的起步阶段。

这一时期，提供综合资讯服务的门户网站和搜索引擎服务商率先崛起，网络媒体初显端倪，一批传统媒体也开始了最初的“触网”，建立起自己的门户网站，将传统媒体的内容搬上网络，向受众提供网络版内容服务。在我国国内，“利方在线”不仅提供新闻资讯服务，而且设有论坛等互动平台。在经历资本融合之后，在“利方在线”基础上新浪网创立，其后，网易、搜狐等门户网站相继问世，至今仍是国内网络用户获取资讯的重要门户网站。互联网初期的服务方式是门户网站 + 搜索引擎。

2. 互联网媒体的泡沫膨胀阶段

1999 年到 2000 年上半年为互联网媒体的泡沫膨胀阶段。1999 年，在资本市场的推动下，全球互联网呈现出异常活跃的发展景象。在中国国内，新浪、搜狐、网易三大网站逐渐成为门户网站的中坚力量。网易首先全面改版，率先推出了中文全文检索、全中文免费邮件系统、网上虚拟社区等产品和服务。1999 年 3 月，搜狐从中国首家大型分类查询搜索引擎发展成为综合性门户网站。同年 4 月，新浪网进行改版，将新闻作为主打业务获得成功。这一阶段，各种商业性网站大量涌现，网民数量高速增长。但从总体上来看，中国国内网站仍处于模仿和探索阶段，它们从国外的成功网站中汲取营养，而在商业运营方面，也仍然沿用国外网站的“风险投资 + 网络广告”的经营模式，通过提供免费产品和服务来追求流量、提高影响力，以获取更高的广告支持和投资支持。

与此同时，在商业性网站的不断冲击下，传统媒体所办网站开始纷纷更名，对其网站进行重新定位，它们开始突出网站独立的新闻采编能力建设，使网络新闻进入了探寻符合自身发展规律的新阶段。

伴随互联网新闻影响力的提高，国家开始设立相应机构，同时颁布了一系列相关法规，对网络新闻传播自由无序的发展状态加以规范，为互联网新闻传播健康有序发展提供保障。

3. 互联网媒体的泡沫挤出阶段

2000 年下半年到 2002 年上半年为互联网媒体的泡沫挤出阶段。2000 年下半年，全球资本市场网络板块在经历了多年畸形的高速增长后爆发大规模的泡沫破灭，国际互联网发展也遭遇了历史上的第一个寒冬。由于资金来源的中断，一大批商业网站经营困难，难以为继，许多网络公司陷入倒闭浪潮。国内的几大商业网站刚刚在美国纳斯达克上市，便被卷入这场金融动荡中，经营困境迫使它们开始进行艰难的经营战略调整。网易、新浪、搜狐等商业网站，一方面努力充实内容，提高用户体验满意度，增强受众黏性，稳定广告收入来源，另一方面开辟新的企业服务内容，增加新的收入来源，努力摆脱经营困境。

传统媒体所创办的资讯网站也在这场金融动荡的冲击下进行着艰难的调整。人民网、新华网、央视国际等重点新闻网站围绕自身的资讯优势，改变追求大而全的门户网站发展战略，向更加突出新闻资讯服务功能和贴近用户资讯需要方向转变。这一时期，我国电子政务发展迅速，互联网对推进各级政府转变职能的促进作用开始显现。

4. 互联网媒体的重新振兴阶段

2002 年下半年到 2004 年为互联网媒体的重新振兴阶段。2002 年下半年，在经历了两年的资本市场动荡期后，互联网媒体通过调整进入了新的发展阶段。2002 年下半年，新浪、搜狐、网易三大门户网站先后结束了财务亏损，实现了由单一依靠网络广告向增值服务、网络游戏、网络广告多元化经营的成功转变。2003 年，由上海盛大公司为代表，一批网络游戏专业网站成为互联网上最为耀眼的明星。同时，网络广告规模也达到了 10.8 亿元，比 2002 年翻了一番还多。实现盈利的各大门户网站也再度受到了资本市场的热捧，自 2004 年，这些公司进入了稳定发展阶段。

随着网络传播体系的不断发展，网络新闻异军突起。2003 年国内、国际上的一系列重大事件，网络新闻的响应速度都明显超越传统媒体，报道形式也更为贴近新闻现场，甚至一些重大事件还是经网络媒体率先披露后才引起传统媒体的跟进报道，网络新闻的优势开始得到彰显。

伴随网络新闻力量的成长，我国加强了对网络新闻的引导与规范，2003 年 12 月，中国互联网协会互联网新闻信息服务工作委员会在北京成立，其成员单位签署了《互联网新闻信息服务自律公约》，标志着网络媒体行业自律机制的建立。2004 年 4 月，有 163 家网站依法取得了登载新闻的资质。2004 年 6 月，互联网违法和不良信息举报中心成立，互联网建设和管理开始得到公众监督。与此同时，国内各网站开始关注自身的社会责任和自律问题，网络媒体进入有序化发展阶段。因此，2004 年也被视为中国互联网媒体发展的转折之年。在新的网络环境下，新浪、搜狐等商业性网站传播能力进一步增强，已成为众多网民上网的第一门户，而传统媒体创办的综合性新闻网站也成为其他网站登载新闻的主要来源。

这一时期，专一性的垂直门户网站开始出现。垂直网站的特色就是专一。这一类网站并不追求大而全，只专注于某一领域（或地域），如娱乐、体育、汽车，力求成为关心某一领域（或地域）内容的人群上网选择的第一站。垂直门户网站的创立者们，只做自己熟悉领域的事，他们是各自行业的权威、专家，他们吸引顾客的手段就是做得更专业、更权威、更精彩。

以博客为代表的网络传播新形态也在这一时期崭露头角。博客具有个人媒体的性质，是网络迈向 Web2. 0 时代的标志之一。到 2004 年，博客数量突破百万，开始成为互联网上的一种普遍现象。

互联网的再次振兴也带来了互联网竞争的进一步加剧，门户网站竞争激烈，在三大门户网站外，腾讯等一批互联网公司以技术优势、用户优势或内容服务优势加入门户网站的竞争中，进一步促进了门户网站综合性资讯服务水平的提高。

5. 互联网媒体的全面发展阶段

2005 年后，互联网全面进入 Web2.0 时代，互联网媒体形态更为丰富，自媒体迅速崛起，互联网媒体进入了全面发展的新阶段。

2005 年以后，新华网、人民网等几大中央重点新闻网站因具有其他商业网站所不具备的有利条件，在重大新闻报道上优势独特，从而成为网络新闻的主导力量。而商业网站经过多年经营，积聚了大量人气，在网络传播影响力方面优势突出。新闻网站的报道经商业网站二次传播，便形成了巨大的社会影响力。

进入全面发展阶段的互联网媒体，不仅仅表现为传播影响力的空前提高，而且内容形式更为丰富，一批网站频道品牌效应开始显现，与此同时，各种新型传播形态不断涌现，以提高用户体验的各种社交平台和提供个性化服务信息的资讯网站也成为广大网民传播信息、共享资讯的重要渠道。

2006 年，微博开始上线运行。最早也是最著名的微博是美国 twitter。2006 年 3 月，博客技术先驱 blogger 创始人埃文 · 威廉姆斯创建的新兴公司 Obvious 推出了大微博服务。在最初阶段，这项服务只是用于向好友的手机发送文本信息。微博大大促进了微内容传播方式的发展，它将即时通信、社交应用融为一体，充分体现了互联网“开放、平等、协作、分享”的精神，为广大普通网民提供了便捷有效的信息传播和共享平台，从而受到了广大网民的热捧。

6. 与移动互联网融合发展的新阶段

2007 年，苹果公司发布了第一代 iPhone，2008 年 7 月，推出了 iPhone3G，自此开启了移动互联网媒体发展的新纪元，此后互联网媒体也开始了与移动互联网媒体相互融合发展的新阶段。

2019 年 6 月 6 日，工业和信息化部正式向中国电信、中国移动、中国联通、中国广电发放 5G 商用牌照。这标志着我国正式进入 5G 商用元年。5G 的发展，将为移动互联网及物联网的发展提供良好的技术支撑。

美国苹果公司于美国西部时间 2022 年 9 月 9 日上午 10 点在 Apple Park 总部园区发布的手机产品。iPhone 14 支持 5G，搭载 A16 Bionic 芯片。支持北斗导航移动互联网的发展进一步提高了人们通过网络接收信息、开展各类社交活动和商务活动的便捷性，各种有线网络成熟的媒体形态和传播方式也被移植于移动互联网上，网络开始全面渗透到人们现实生活中的方方面面，也与人们的现实生活结合得更为紧密。一系列新的互联网业态不断涌现，互联网教育、互联网展馆以及互联网金融、互联网医疗等新的互联网产业形态的发展，大大丰富了互联网媒体的传播内容和表现方式，同时，互联网的媒体形态也呈现出互为补充、相互融合的全媒体发展新态势。

（二）互联网媒体的传播方式

1. 网络出版服务

出版活动是人类传递信息、保存知识、传承文化的重要方式。传统出版，是通过对负载作品的载体进行批量复制和传播以实现信息传播的一种社会活动。而网络出版服务则是以信息网络作为网络出版物的传播媒介，网络出版服务的过程就是通过信息网络面向公众提供网络出版物的传播活动。根据我国《网络出版服务管理规定》的定义：网络出版物是指通过信息网络向公众提供的具有编辑、制作、加工等出版特征的数字化作品。

从传播行为来看，凡是以互联网作为传播媒介，以文字、图片、音频、视频等形式传播的知识、信息、观点的活动都可以称为网络出版服务，因此，电子书、电子期刊、电子报纸、网络动画、网络游戏、博客、播客等内容都包含在网络出版范畴内。而从产业经营角度出发，网络出版服务的基本要素则包括经营主体的合法资质、作品的数字化、传播的网络化和交易的电子化等几个方面。

网络出版服务不仅是互联网时代人类出版活动在网络空间的拓展，而且它也极大地影响到人们的阅读方式。随着智能化移动终端的普及和发展，微内容阅读已经成为人们阅读的主要方式，并全面影响到网络出版服务的各个方面。

2. 网络电视

视频的互联网传播主要包括两种方式，一种是视频直播方式，另一种是视频分享方式。网络电视就是以互联网为传播媒介进行视频直播的传播活动。

网络电视是传统电视内容与互联网技术结合的产物，目前网络电视的传播内容主要来自传统电视台和其他制作机构提供的影视作品。近年来，网络直播平台快速发展，网络直播已成为许多网民休闲娱乐、获取资讯的重要方式。

网络电视基于宽带高速互联网或移动互联网，以电视机、个人电脑以及移动终端作为显示终端，通过数字视频的传输与接收，实现网络电视服务。它与传统电视的本质区别不仅在于用户的收视渠道上的变化，更重要的是，网络电视改变了传统电视传播中观众只能按电视台的播出时间安排收视电视内容的被动方式，大大提高了观众选择观看电视内容和方式的主动权。

网民通过互联网以分享方式传播音视频内容的行为也被称为播客。播客将博客的概念由文字、图片拓展到音视频的内容形式，充分体现了互联网数字化信息的传播优势，因而在一定意义上也被视为“个人网络广播电视”。

影像表达的直观性和生动性曾使电视成为最为重要的大众传播方式，从而也创造了电视媒体无与伦比的传播影响力。播客的出现，是互联网时代对传统电视媒体单向式传播话语控制权的挑战，特别是智能手机拍摄功能的不断提高，使普通人也具有了借助互联网用影像表达自我的条件。影像表达也不再是专业制作和播出机构的专利，它正在成为人际传播的基本表达方式之一。

3. 网络广播

广播是世界上最早普及的大众电子媒介，具有伴随性、便携性等特点，对于许多受众来说，至今仍是一种贴身的伴随媒介。

互联网时代，传统媒体纷纷上网，试图在与网络的融合中获得新的发展。传统广播与网络结合，形成了网络广播传播方式。从 1995 年 8 月美国的 ABC 广播公司开设第一个网络电台开始，到今天绝大多数的广播电台都将广播内容移植到了互联网上。但网络广播并没有继承无线广播的伴随性特点，在资讯新闻报道方面缺乏优势。在互联网高度发展的今天，广播作为一门声音的艺术，仍然受到了许多爱好者的追随，在广大网民的积极参与下，网络广播作为一种新艺术形态获得新生。近年来，随着自媒体传播平台的兴起，网络广播展现出新的生机与活力。

4. 网络知识库

网络知识库或称为网络文库，是基于互联网的超文本特性，以多人协同方式完成文本内容的创作编辑，并构成了条目众多的网络知识“百科全书”。

网络知识库兴起于 1995 年，美国普度大学计算机中心的沃德·坎宁安开发了一套名为波特兰模式知识库的工具，希望通过这种自由交流的平台“激发人们讲述故事的天性”，这就是世界上的第一个维基网站。此后，随着技术的不断发展，这种以社群协作写作方式创建的波特兰模式知识库不断得到丰富和广泛传播。

维基网站中最具代表性的是由兰端·森格和本·科沃兹于2001年创建的维基百科。维基百科是一个动态的、可自由访问和编辑的全球知识体，目前已成为世界上最大和最著名的维基系统。

网络知识库是互联网时代的产物，它将传统的由社会知识精英阶层编撰百科全书的方式转换为网络环境下普通网民众人协作的编撰方式，并提供灵活便捷的检索方式，从而对激励知识创新和提高整个社会的知识共享水平发挥出独特的作用。

二、移动互联网媒体

移动互联网媒体是指信息传播者、信息接收者以移动互联网作为信息传播媒介的新兴媒体。移动互联网是互联网技术和移动终端技术不断发展的产物，移动互联网的出现和发展进一步促进了新媒体形态的丰富和传播形式的演变，它使信息传播深入人类社会生活的各个层面，使信息在社会生活中的基础性作用得到进一步发挥，正引领人类全面进入网络化生存时代。

（一）智能终端的技术进步

1. 智能手机成为伴随媒介

手机，即移动电话，是目前十分普及的大众通信工具。发明手机的初衷就是用于移动通话，以解决固定电话因线路影响通话不够方便的问题。随着通信网络技术的发展，手机的功能得到拓展，短信、彩铃、彩信等功能使手机由单纯的人际传播的语音通话设备开始成为具有一定的信息接收与传播功能的传播媒介。

智能手机的出现引发了移动终端的突破性革命，从根本上改变了移动终端作为移动网络末梢的传统定位。智能手机几乎在一夜间转变为互联网业务的关键入口和主要创新平台，成为新媒体、电子商务和信息服务平台，也是与互联网、移动网络和社会环境进行信息交互的最重要枢纽，其操作系统和处理器芯片甚至成为当今整个信息和通信技术产业的战略制高点。智能手机引发的颠覆性变革揭开了移动互联网产业发展的序幕，开启了一个新的技术产业周期。随着智能手机的持续发展，其影响力将比肩收音机、电视和互联网，成为人类历史上第四个渗透广泛、普及迅速、影响巨大、深入至社会生活方方面面的主要信息传播媒介。

智能手机之所以能成为重要的传播媒介，主要是因为智能手机在具有强大的信息接收、处理与传播能力之外，还具有携带的随身性和联网的便捷性等性能。

智能手机拥有独立的操作系统，具有多任务功能，可以由用户根据自己的需要选择安装各种应用软件，加之不断完善的拍照和摄像功能、音频录制回放功能，可以更好地满足用户在娱乐、商务、时讯及服务等应用功能上对移动互联的体验。此外，由于智能手机集成了重力感应器、距离感应器、气压感应器、光敏感应器以及声音感应器等信息传感器，使智能手机具有了相对完善的信息感知能力，随着外设技术的不断进步，智能手机作为个人信息处理中心的作用将更加突出。

今天的智能手机体积小巧精致，操作便捷，随身携带十分方便，移动网络的全覆盖，满足了人们随时随地进行语音通话和上网的需要。它既可以连接移动网，也可以通过无线网连接互联网，还可以通过蓝牙、USB 接口、HDMI 接口与其他设备相连，从而使其不仅成为个人的信息中心，而且也成为人们与社会相连的伴随媒介。

2. 移动智能终端的人性化、个性化和多功能化

移动智能终端包括智能手机、平板电脑及可穿戴设备等。随着智能终

端技术的发展，移动智能终端从“以设备为中心”的模式进入“以人为中心”的模式，集成了嵌入式计算、控制技术、人工智能技术以及生物认证技术等，充分体现了“以人为本”的宗旨。

嵌入式计算即嵌入式计算机系统，是以应用为中心，以计算机技术为基础，软硬件能灵活变化以适应所嵌入的应用系统，对功能、可靠性、成本、体积、功耗等有严格要求的专用计算机系统。

平板电脑是一种小型、方便携带的个人电脑，通常以触摸屏作为基本的输入和输出界面。平板电脑并不是掌上电脑（Personal Digital Assistant，PDA）的放大版，其无论是结构还是功能都远比传统的掌上电脑复杂得多。

掌上电脑也称为个人数字助理，主要提供个人信息的存贮、备份功能，并具有有限的个人娱乐功能。平板电脑则具备了完整的计算机结构，自2010年苹果公司推出平板电脑iPAD，在全世界掀起了平板电脑热潮，甚至对整个计算机产业、通信网络产业和消费电子产业都带来了革命性的影响。

作为信息电子产品，平板电脑定位于智能手机和笔记本电脑产品之间，提供浏览网站、收发电子邮件、观看电子书、播放音频或视频以及玩游戏等功能，主要用于满足娱乐生活的需要。

目前的平板电脑主要有苹果公司的iPAD系列平板电脑、Android系统平板电脑和微软公司的Surface系列平板电脑。平板电脑采用的基本上是与智能手机相同的操作系统，智能手机上的应用软件可以在平板电脑上运行，从而使平板电脑在兼具移动便捷性和个性化的同时，因屏幕更大而又比智能手机增加了更好的操作体验。

微软公司推出的Surface平板电脑，采用了Windows操作系统，从而使微软公司在智能手机、平板电脑和桌式电脑间拥有了相同的操作系统，由于微软公司的产品集成了 Office 办公软件系统，因而微软公司的智能终端设备商务应用色彩更为浓厚。

3. 高速无线网开启智慧新生活

第五代移动通信技术（5G）是具有高速率、低时延和大连接特点的新一代宽带移动通信技术，是实现人机物互联的网络基础设施。

国际电信联盟（ITU）定义了 5G 的三大类应用场景，即增强移动宽带（eMBB）、超高可靠低时延通信（uRLLC）和海量机器类通信（mMTC）。增强移动宽带（eMBB）主要面向移动互联网流量爆炸式增长，为移动互联网用户提供更加极致的应用体验；超高可靠低时延通信（uRLLC）主要面向工业控制、远程医疗、自动驾驶等对时延和可靠性具有极高要求的垂直行业应用需求；海量机器类通信（mMTC）主要面向智慧城市、智能家居、环境监测等以传感和数据采集为目标的应用需求。

2018 年 6 月 3 日，GPP 发布了第一个 5G 标准（Release－15），支持 5G 独立组网，重点满足增强移动宽带业务。2020 年 6 月 Release－16 版本标准发布，重点支持低时延高可靠业务，实现对 5G 车联网、工业互联网等应用的支持。Release－17 版本标准将重点实现差异化物联网应用。

目前智能手机已经具备了强大的摄像功能，高清摄像不仅使人们拥有了记录生活经历的工具，而且也成为人们个性化的影像表达的重要工具。而宽带无线网则赋予了手机高清摄像更多的应用价值，如移动中就可参加视频会议，重要的视频资料可以通过宽带移动网进行传递。

（二）移动互联网媒体形态

1. 移动互联网媒体形态的特点

移动互联网的媒体形态几乎涵盖了互联网媒体的所有形态，同时，由于智能终端使用者的明确性和专一性，使移动互联网媒体在传播过程中可以绕开所有的中间环节，而将信息直接传递到受众面前，因而它也具有了自己独特而鲜明的特点。这种面向受众“点对点”直接传播的方式已不同于互联网媒体大多借助媒介平台的“点到面”的大众传播模式，而是更进一步趋向于个人化、个性化和“由小众而及大众”的传播特点，在提高了受众自主选择接收信息的能动性和自主性的同时，也增强了受众对移动媒介的依赖性。

移动互联网时代首先是一个自媒体更加蓬勃发展的时代。美国新闻学会媒体中心于2003年7月发布了由谢因波曼与克里斯威理斯两位学者联合提出的“We Media（自媒体）”研究报告，里面对“We Media”下了一个十分严谨的定义：“We Media是普通大众经由数字科技强化、与全球知识体系相连之后，一种开始理解普通大众如何提供与分享他们自身的事实、新闻的途径。”

移动互联网更进一步地突出了传播主体的多样化、平民化、普遍化和广泛化的特征。每一位智能手机的持有者不论身份如何都可以通过移动互联网建立起自己的传播平台，运用自媒体的形式进行信息传播活动。

著名传播学家麦克卢汉认为“媒介即讯息”，媒介本身才是真正有意义的讯息，即人类只有在拥有了某种媒介之后才有可能从事与之相适应的传播和其他社会活动。媒介最重要的作用就是“影响了我们理解和思考的习惯”。因此对于社会来说，真正有意义、有价值的“讯息”，不是各个时代的媒体所传播的内容，而是这个时代所使用的传播工具的性质、它所开创的可能性以及带来的社会变革。

自媒体有别于由专业媒体机构主导的信息传播，它是由普通大众主导的信息传播活动。在自媒体时代，各种不同的声音来自四面八方，“主流媒体”的声音逐渐变弱，人们不再接受被一个“统一的声音”告知对或错，每一个人都在从独立获得的资讯中对事物做出判断。自媒体使传统的“点到面”的传播，转化为“点到点”的对等的传播，成为个体进行信息生产、积累、共享、传播内容兼具私密性和公开性的信息传播方式。

自媒体的发展使传统意义上的“信息受众”也成了“新闻源”。特别是在无线互联网的支持下，智能手机的各项功能能够得到全面发挥，使每一个人不仅可以即时发布文字和图像信息，还可以随时随地发布音频或视频信息，大大增加了发布信息的真实性、生动性和影响力。正是如此，有专家称智能手机正在成为当今的主流媒介之一。

2. 微信成为移动互联网媒体的典型代表

微信（WeChat）是腾讯公司于 2011 年 1 月推出的一个为智能终端提供即时通信服务的免费应用程序。微信是融合了微博和 QQ 的另外一种社交关系软件。微信以其零资费、功能多、种类全、方便快捷等优势获得了广大用户的好评。它的病毒式的传播特性使其以一种前所未有的速度迅速建立起庞大的用户群体，已成为亚洲地区最大用户群体的移动即时通信软件。

微信可以跨运营商、跨平台地发送文字、语音、图片等信息，也可以实现视频通话、即时通话等功能。相对于短信，微信使用基于流量而无通信费用。相对于 QQ，微信将使用者更加牢固地锁定在手机通信录中，建立起了强关系。相对于微博，它的圈子更加私人，内容更加隐蔽，关系更加牢固。

从传播特征来看，微信的重点是通信功能，侧重于人际传播的社会交往，其内容的传播则是由特定关系人群的转发来实现信息扩散的。正是由于微信是以关系为核心的具有高度私密性的社交工具，用户之间的对话具有私密性，这种关系保证了一些真正满足需求和个性化内容的信息传播，可以实现用户分组、地域控制在内的精准消息推送。微信的朋友之间建立关系基于许可，信息质量、传播效果与交互频率质量则远高于微博。

微信作为时下最热门的社交信息平台，也是移动端的一大入口，正在演变成为一大商业交易平台，其对营销行业带来的颠覆性变化开始显现。微信商城的开发也随之兴起，微信商城是基于微信而研发的一款社会化电子商务系统，消费者只要通过微信平台，就可以实现商品查询、选购、体验、互动、订购与支付的线上线下一体化服务模式。这种新的移动电商平台对互联网电商平台也构成了全面的挑战。

3. 碎片化阅读时代的新闻客户端

网络的发展结束了传统媒体的垄断格局，推动社会进入多种媒体并存发展的新阶段。然而，互联网在用海量信息改变人们关注公众话题的方式时，也带来了阅读碎片化的倾向。人们通过快餐式媒体理解世事，通过信息消费抚慰心灵，通过无所不在的娱乐释放压力，通过虚拟的网络建立与世界的真实联系，来自传统与现代、本土与全球、现实与虚拟的种种碰撞交融，使整个媒体环境的一切都变得碎片化起来。

新闻客户端是移动互联网时代适用于智能终端的一种新的新闻资讯平台，是用户在智能终端获取资讯的主要渠道之一。新闻客户端可以为门户网站、传统媒体或其他内容提供商将资讯内容推送到用户的智能终端中，实现内容资讯的精确传播。

随着互联网大数据时代的到来，新闻客户端也发展成为以用户社交网络为基础和用户信息流为载体的新的阅读平台，通过算法推荐，分析和寻找用户的阅读习惯和行为习惯，这种算法推荐虽然重视了用户的个性化特征，但也存在着单纯迎合用户习惯的诸多弊端。阅读的本质，并不是简单地迎合已有的思维惯性，而是用新的观点和信息去丰富已有的认识，改变错误的观念，并不断塑造出更高的精神境界。新闻客户端本该聚合阅读，但以算法推荐为代表的新闻客户端却也带来了阅读内容杂乱、信息量过大而信息价值不高等问题。

碎片化阅读能够提高获取信息的效率，但是碎片化阅读带来的信息是不连贯的、片面的、不成系统的，从而导致人们从信息中总结出来的结论也是片面的、不成系统的，甚至是负面的。

第二章　新媒体时代新闻传播的特点及发展研究

第一节　新媒体时代新闻传播的概念

一、新闻的定义

（一）国外相关的新闻定义

在英文中，与新闻一词相对应的词汇有好几个，如 story、news、reporting、eoverage、release 等，每一种表达方式似乎都能够代表“新闻”的某一方面。而最常见的表达方式是 news。据说这个词是由英文的北东西南（north、east、west、south）四个词的第一个字母组成的，意思是“四面八方消息的集合”。据《牛津辞典》解释：新闻一词作为“新闻报道”，是 1423 年苏格兰詹姆士一世在他的敕书中首次运用的。

美国学者伯德逊（Patterson）把“news”一词拆而析之，似乎还讲出了几分道理。他说：news 中的 n 可以表示“newsworthiness”（新闻价值），e 表示“emphasis”（突出重点），w 表示“who，what，when，where，etc.”（何人、何事、何时、何地等新闻要素），而 s 则表示“sources”（消息来源）。合起来就是，应予重点报道的、有新闻价值的重大事实，在写作上，它应具有明确的消息来源，并应具备基本的新闻要素。

美国《纽约太阳报》编辑室主任约翰·博加特（John Bogart）于 19 世纪 70 年代提出：狗咬人不是新闻，人咬狗才是新闻。

美国《纽约先驱论坛报》采编主任斯坦利·瓦利克尔（Stanley Walker）于 20 世纪 30 年代提出：新闻是三个“W”：women（女人）、wampum（钱财）、wrongdoing（坏事）。

美国堪萨斯州《阿契生市环球报》主编爱德华·贺提出：凡是能让女人喊一声“哎呀，我的天哪”的东西，就是新闻。

美国《纽约太阳报》主编查理·德纳提出：新闻是一种令人惊叫的事情。

美国《旧金山考察报》主编阿瑟·麦克尤思提出：读者看后说“哎呀”的是新闻。

美国作家威尔·艾尔温提出：反常的事情就是新闻。

德国柏林大学新闻学教授道比德特提出：新闻就是把最新的、现实的现象在最短的时间距离内，连续介绍给最广泛的公众。

日本新闻协会会长小野秀雄提出：新闻是根据自己的使命对具有现实性的、事实的报道和批判，是用最短时距的有规律的连续出现，来进行广泛传播的经济范畴的东西。

法国巴黎新闻学院教授贝尔纳·瓦耶纳提出：新闻是刚发生和刚发现的事物。

美国报纸主编人协会会长卡斯柏·约斯特提出：新闻是已经发生或正

在发生的事实的报道。

美国哥伦比亚大学新闻学教授麦尔文·曼切尔提出：新闻是关于突破事物正常轨道或出乎意料的事情的情况。

美国《纽约时报》编辑马克尼尔提出：报纸和读者所关心的当前事物，经过记载和编辑，即成新闻。

日本新闻学者俊藤武男提出：把最新的事实，精确而迅速地印成了使多数人感到有兴趣和获得实际收益的，都是新闻。

艾弗雷特·丹尼斯和梅尔文·德弗勒提出：新闻是就某个具体问题、事件或进程提出现实看法的报道。

丹尼尔·麦道格尔：新闻是对事件的报道，而不是事件本身固有的什么东西。

（二）国内的新闻定义

1919 年 12 月，徐宝璜的著作《新闻学大意》（后改名《新闻学》）出版，这是我国第一部新闻学著作。在这本著作中，他给出了我国近代新闻学研究中最早的新闻定义：新闻者，乃为多数阅者所注意之最近事实也。

1922 年 2 月 12 日，李大钊在北大记者同志会上的演说中给出一个新闻定义：新闻是现在新的、活的社会状况的写真。

1924 年，邵飘萍的《新闻学总论》出版，在书中他给出一个新闻定义：新闻者，最近时间内所发生认识一切关系于社会人生的兴味、实益之事物现象也。

1943 年 9 月 1 日，陆定一在《解放日报》上撰文《我们对于新闻学的基本观点》，文中给出的新闻定义成为以后 60 年来我国新闻理论界最广泛认可的定义：新闻的定义，就是新近发生的事实的报道。

胡乔木于 1946 年 9 月 1 日在《人人都要学会写新闻》一文中提出新闻

的定义：新闻是一种新的事实。

范长江在 1961 年的《记者工作随想》中提出新闻的定义：新闻就是广大群众欲知、应知而未知的重要的事实。

复旦大学新闻学教授王中于 1981 年 5 月在《新闻大学》第 1 期上撰文《论新闻》，针对陆氏定义提出修改后的新闻定义：新闻是新近变动的事实的传播。

中国人民大学新闻学教授甘惜分在 1982 年出版《新闻理论基础》一书，书中提出新闻的定义：新闻是报道或评述最新的重要事实以影响舆论的特殊手段。

复旦大学新闻学教授宁树藩于 1984 年 12 月在《新闻大学》第 8 期上撰文《论新闻的特性》，提出新闻的定义：新闻是向公众传播新近事实的讯息。

中国人民大学新闻学院教授成美、童兵在 1993 年出版的《新闻理论教程》中提出：新闻是新近发生的事实变动的信息。

中国传媒大学教授胡正荣在 1995 年出版的《新闻理论教程》中提出：新闻是新近发生的事实的报道的信息。

复旦大学新闻学院教授李良荣在 1995 年出版的《新闻学概论》中提出：新闻是一种信息，是传达事物变动最新状态的信息。

二、新闻价值

（一）国外相关的新闻价值定义

美国著名记者沃尔特·李普曼在他的《舆论学》一书中，最先对“新闻价值”进行理论探讨。李普曼认为，新闻价值就是指事变、惊奇、地理上的接近性、个人的影响和冲突。

1. 时间性

新闻是“易碎品”，刚刚或正在发生的新闻事件最有新闻价值，事件发生后再去报道，新闻价值就要大打折扣了。

2. 接近性

接近性有两层含义，一是地域接近性，二是心理接近性。地域接近性是指受众会更关心自己居住地或居住地附近所发生的新闻。但是，如今地域接近性受到了很大的挑战，在中国畅销的《环球时报》就是一个案例，好像中国人更关心国外发生的事情。与此同时，墙里开花墙外香的现象也频繁出现。在我们的模范人物报道中，经常有一个怪现象，就是距离被报道者越近的人，往往越不相信媒体的报道。这好像是远交近攻，似乎不符合新闻价值规律，按理说应该是离你越近的人和事，你应该越关心。这说明离被报道者越远的人，反而越容易相信比较夸大的报道，因为他们不了解近距离的内部情况。心理接近性是指新闻要接近受众的心理，越接近受众心理的新闻越能引起受众的共鸣，引起受众的注意。

3. 显著性

在新闻报道中，人们往往会比较关注显要人物的行为，所以显要人物引起的注意要高于非显要人物。

4. 重要性

新闻的重要性是由新闻所报道的事件、现象对社会所产生的影响决定的，因此，影响所涉及的领域、成员越广，对现实和未来的影响程度越深刻，其重要性就越显著。

5. 趣味性

西方新闻界很多人认为，“趣味是吸引读者的良方”。

（二）国内的新闻价值定义

我国最早论述新闻价值的是徐宝璜。他在《新闻学纲要》中提出，“新闻之价值云者，即注意人数多寡和注意程度之深浅之问题也”。

关于新闻价值的定义，我国不同学者提出了不同的看法，主要有“标准说”“素质说”“功能说”“效果说”等。

持“标准说”的代表性观点：“新闻价值是记者衡量事实可否成为新闻的标准”。其强调记者的主动性，认为新闻价值是记者凭自己的新闻敏感、自己的经验和对当前形势了如指掌达到的。

持“素质说”的学者认为，“新闻价值就是事实所包含着的足以构成为新闻的种种特殊素质的总和”。其强调新闻价值存在于事实之中。

“功能说”是从新闻对社会的影响的角度来认识新闻价值的，代表性观点：“新闻价值是新闻事实适应社会需要的一种功能，是不以人们意志为转移的客观存在，这种功能越大，新闻价值就越高”。其看重的是新闻满足读者需要。

三、新闻传播的定义

随着互联网的发展，我国逐渐兴起了新媒体技术，顾名思义，新媒体技术就是以互联网为依托，通过互联网形成多种多样的信息传递方式，这也就意味着人们获取信息的渠道越来越多样化。就传统模式下的新闻传播来说，新媒体的新闻传播方式更加多样化，也更趋向于多元化，完全不受时间和空间的限制，让人们更自由地获得新闻。近几年，新媒体技术逐渐被运用到新闻传播行业中，这也对新闻传播行业的发展起到一定的促进作用，当前，我们正处于信息化时代，人们对于信息的需求量很大，同样，对于信息来源的时效性和真实性也有更高的要求，而新媒体就完全满足时效性和真实性，具备新闻传播的发展优势。所以，新闻传播应当以新媒体技术作为基础，通过新媒体技术的助力，实现新闻传播行业的转型以及发展，从而满足当前民众对于信息的需求。

第二节　新媒体时代新闻传播的特点与方式

一、新媒体时代新闻传播的概念及主要特点

新时期的新闻传播，逐渐抛弃了传统的文字、图像构成的新闻表现形式，逐渐形成以影像、声音等视频形式为主的视频新闻。所谓视频新闻，即是指以视频为载体，以互联网作为传播途径，运用网络技术，通过影像、图片、文字、声音等内容，对近期新发生的尤其是正在发生的事件进行报道或提供分享。

与传统的纸质、电视等新闻传播方式相比，新媒体时代的新闻传播主要有以下特征：一是内容多样性。视频新闻的内容既包括政治、经济、军事等传统的新闻信息，也包括民生、娱乐、生活等各类普通的信息，内容随性。二是信息直观性。通过网络视频展现新闻信息，受众不需要对文字表达和图片演示进行解读，而直接通过视觉和听觉的感官来接受视频反映内容，更加直观。三是内容真实性。与主观性强、易被篡改的文字新闻不同，视频新闻通常较难被篡改，剪辑或修改对制作者的要求较高，因此视频新闻反映出的内容更能反映真实的内容，更容易被受众所接受和认可。四是高效快捷性。对于突发事件或紧急事件，传统的新闻传播形式往往要经过撰写、编辑、排版、审核、发布等多个环节，具有滞后的特征，而视频新闻可以即时撰写、即时发布，没有诸多环节延误，因此更加便捷。五

是查阅便捷性。视频新闻除了网络直播外，多采取传输至网络新闻平台的方式，受众可以在任何时间打开观看新闻信息，播放方法便捷多样。

二、新媒体时代新闻传播的方式及其影响

（一）新闻传播的主要工具

受众获取新闻信息的传统工具，主要是电视、报纸、杂志、广播等媒体平台，进入互联网时代后具有快速、方便、成本低等优势的网络媒体平台快速发展。而在新媒体时代，智能手机催生了移动互联网的出现，使得信息媒体平台步入一个更高的高度。通过安装各种媒体应用软件，结合手机拍照、微信、通话、电视收看等功能，新闻传播者可以第一时间获取并传输新闻信息，受众可以随时随地通过移动网络查看新闻信息，极大地便利了人们信息传递的渠道。即使是非媒体专业的普通人员，在事件发生时，仍可以运用手机捕捉新闻信息，并通过媒体应用软件传输到网络上，从而为事件的真实快捷记录带来巨大的便利，使得新闻传播工作不再由记者、编辑等传统新闻传播者所专享。

（二）新闻传播的主要媒介

从目前使用情况来看，新闻传播的主要媒介主要有以下几类：一是优酷、土豆等专门的视频传播平台，这类网络平台是当前视频新闻发展的重要产物，通过自主上传视频和提供下载为新闻传播主要方式。二是今日头条等专业的手机新闻浏览 App，此类软件通过移动网络，将传统的文字、图片新闻及新兴的视频新闻整合在一起，通过小编推送、受众评论的形式，实现新闻的传播与互动。三是综合型门户网站，新浪、网易、搜狐等门户网站均设有新闻频道，既可以获取更大的用户资源，又能够传播即时新闻

信息，从而在传播新闻的同时促进网站自身的建设与发展。四是传统媒体的视频新闻。传统媒体构建的官方网站，通过将其电视新闻转化为网络视频新闻，实现传统模式向数字时代新闻传播新模式的转变。

（三）数字时代对新闻传播的促进

视频新闻的兴起，特别是智能手机等级便携式数码设备的使用，对新闻传播带来了极大的便利。一是为专业的新闻传播者提供了便捷手段，记者不必每次都亲临现场，而可以通过手机与现场群众联系，指导在场人员抓拍新闻图片、视频，或是直接有偿征集新闻，然后对收集到的新闻材料进行专业的编辑整理，通过各种媒体手段进行专业发布，从而提高新闻传播的工作效率，并降低记者、摄影师等外勤人员的工作量及成本。二是有助于媒体与受众之间的沟通联系，主动了解受众的需求，并通过智能手机快速获取受众的意见，从而直接了解新闻作品在受众眼中的形象和价值，并进一步激发受众参与新闻事件收集的热情，实现良性循环。

（四）数字时代对新闻传播的冲击

数字时代对新闻传播的发展具有极大的促进作用，但与此同时，由于数字传媒自身的局限性，新闻传播也受到了诸多不利影响。一是对部分外勤人员造成了就业压力。

由于大量非专业人员涌入新闻事件的捕捉、收集甚至发布过程中，记者、摄影师等新闻媒体外勤人员的工作将会受到相当程度的冲击，采用数字技术开展新闻传播工作的媒体，对专业人员的需求将会缩水。二是对编辑人员提出了更加严格的要求。由于 photoshop 等计算机修图软件及美颜等手机修图软件的广泛使用，非专业人员在收集新闻材料时可能会通过这类软件进行改图，而对于改图后的鉴别却非常困难，对编辑审核稿件提出了更高的要求。三是私人渠道刊发的新闻信息对正规媒体的新闻报道造成了干扰。由于网络监控的不完善，加上网络水军等群体的存在，任何人都可以在网上发布信息和言论，哪怕这些信息和言论不具有真实性。而对于普通受众而言，难以分清非专业人员传播的新闻信息与正规媒体之间的区别，更因为部分群众对官方语言的不喜，导致个人发布的新闻信息或评论与官方信息不一致时，宁愿相信和传播非官方的新闻信息，造成假新闻、错言论的肆意传播，从而影响了媒体和新闻从业者的整体公信力，扰乱了新闻传播行业的秩序。

第三节　新媒体时代新闻生态的“破壁”与重构

新媒体时代，新闻生产这个原本封闭的体系在技术的冲击下一步步走向开放，原有的生产壁垒、渠道壁垒被削弱甚至消解，行业边界被打破，生产机制、传播模式等在重构，甚至传统媒体时代对新闻的定义都面临着挑战。传统的新闻业正在融入一个巨大、复杂、全新的新闻生态系统之中。

一、可供性增强、边界消融：数字技术下新闻生态的底层变革

技术并非决定数字新闻生态的唯一因素，但无疑，当“数字”成为一个重要标签时，也就意味着数字技术是影响媒体发展及新闻生态演变的一条底层线索。

数字技术对新闻生态的影响，首先体现为可供性的影响。对于媒体的“新”“旧”的界定可以从信息生产可供性、社交可供性和移动可供性三方面来衡量，三种可供性水平越高的媒体，往往就是越“新”的媒体。而这

三种可供性的不断提高，正是由于数字技术在内容产业中应用的不断演进及深化。

数字技术（包括光盘这样的数字出版技术、激光照排这样的数字生产技术等）在 20 世纪 80 年代已经进入新闻生产领域，但对媒体来说，数字时代的真正到来源于 20 世纪 90 年代互联网在大众层面的普及以及门户网站的兴起。网络的海量存储空间、全天候传播等特性，给传统媒体提供了传统渠道之外的传播空间，刺激了包括新闻在内的信息供给。但值得注意的是，新闻生产可供性的增强，并不只是体现在媒体这方面。相反，可供性增强更多缘于媒体外部力量的加入，因为技术发展降低了生产壁垒。

与此同时，各种数据处理技术不断进入新闻生产中，包括近十年日益发达的大数据技术应用，它们为新闻生产与表现带来了新的手段与新的思维。用客观数据来呈现社会现象与规律，利用数据分析进行新闻选题策划、效果评估，成为新闻生产的一个新方向，数据新闻、可视化新闻等也成为重要的新闻形态。虽然目前由于数据应用能力不足，中国媒体在数据新闻及其他数据应用方面还处于初级阶段，但将数据作为新闻生产资源这一方向不会发生变化。物联网、云计算等技术的发展，会进一步从数据维度影响新闻生产的可供性。

社会化媒体实践在提高社交可供性的同时，导致新闻生产主体的一次巨变，给信息生产的可供性带来深刻影响。用户从传统的信息消费者转变为产消一体的使用者。虽然从新闻产品的生产角度来说，用户并不具有相应资格，但用户的参与影响了媒体的新闻生产，也使新闻生产的过程变得开放。很多时候，这个过程比产品本身的影响更为突出。社会化媒体应用的发达，也使得社交网络成为重要的新闻传播渠道。社交可供性在很大程度上转化为信息生产可供性。社交可供性与信息生产可供性的交织，使得包括新闻在内的公共信息生产从公共领域向私人领域扩展。

移动通信技术的发展则使移动可供性不断提高。用户随时随地获取信息成为可能，这也意味着人们信息消费的时空变得个性化、碎片化，媒介使用不再受制于媒体制定的时间规程或空间情境。而面对处于移动时空的用户，媒体的新闻内容生产与分发，也需要越来越多地将“场景”作为一个重要的变量，也就是考虑在时间、空间、行为模式、心理状态以及社交氛围等各种因素共同作用下用户的特定需求，未来的移动可供性也会在很大程度上体现为场景可供性。

数字技术还带来了新闻体验的可供性的变化。门户时代 flash 技术的广泛应用，带来了具有交互性的多媒体新闻叙事模式，这不是对电视的多媒体体验的复制，而是在多媒体基础上将用户参与变为体验的重要组成部分，是新闻体验的一次飞跃。虽然由于技术的更迭，flash 技术目前已经基本退出历史舞台，但移动平台中的技术仍在延续这种交互性体验。

VR（Virtual Reality）、AR（Augmented Reality）等技术在未来也会带来超越今天多媒体呈现的全新体验。依托 VR、AR 技术，人们可以进入新闻现场获得感官上的刺激，同时也意味着“你所见即你所得”。也就是说，用户可以依据自己的主观视角，从现场发现个人兴趣点，而不再受到传统电视直播的摄像、导播视角的限制。他们对于新闻现场的理解与认知，也是基于现场观察中所获得的信息的，在一定意义上，这会对新闻的“客观性”判断造成一定冲击。VR、AR 对新闻现场的模拟或还原，也会影响新闻真实性。如何在不对新闻业的“真实性”传统构成根本性颠覆的基础上形成自己的成熟叙事风格，将是 VR 新闻必然要面对和解决的问题；同时，新闻业内对于“真实”的理解，以及“真实”和“虚拟”之间的界限，也将发生较大改变。

除了可供性的变化，数字技术对传媒业的另一个深刻影响是媒介边界的淡化，以及传媒业与其他产业的相互融合，而媒介融合是其中的主要线索。

美国学者尼葛洛庞帝在20世纪70年代末预言了广播和动画业、电脑业、印刷和出版业这几大产业之间的融合趋势。美国麻省理工学院的浦尔教授在1983年出版的著作《自由的技术》中进一步提出了媒介融合的可能，浦尔指出，一方面，在技术的推动下，一种单一的媒介，无论它是电话线、电缆还是无线电波，将承载过去需要多种媒介才能承载的服务。另一方面，任何一种过去只能通过单一媒介提供的服务，例如广播、报纸、电话，现在都可以由多种媒介来提供。由此，过去在媒介与它所提供的服务之间存在的一对一的关系正在被侵蚀。目前对媒介融合的研究与实践，主要涉及技术融合、业务融合、市场融合、机构整合、产业融合等层面，虽然有人对媒介融合能不能实现表示怀疑，但从浦尔提出的媒介融合角度来看，融合无疑已经发生，以技术融合为基础的市场融合以及产业融合都正在深刻改变传媒业，其中包括新闻的生产模式与机制。

一些人对媒介融合的疑虑主要针对目前的业务融合、机构融合的模式，而这两个层面的融合的确需要审慎进行。

从业务层面来看，媒介融合将媒体推向了一个全媒体的业务环境，竞争对手更为多样，市场更为复杂，传播平台更为多元，这要求媒体在新的环境里寻求自己的新的定位与新的发展方向，也要求媒体针对不同平台有不同的产品策略。但是，它并不意味着媒体放弃或弱化原有业务形态而转向做全媒体、融媒体产品。不考虑市场需求和生产能力，不考虑内容与形式的适配，一味做“融媒体”产品，或过多强调内容的“一次采集，多种生成，多样分发”，反而可能导致新闻内容生产质量的下降。一个融合的市场恰恰要求媒体强化原有特色，这样才能通过差异化形成竞争力，当然这些特色形态也需要针对社交化、移动化等传播平台做出一定的调整。简单把全媒体、融媒体作为媒介融合的代名词，可能会产生方向上的错误。与业务融合相关的融合是机构融合。虽然从理论上来看，机构融合有助于业务融合，但如果机构融合不是由机构自身的利益驱动的，而只是外力强制下的机械捆绑，这样的融合恐怕是难以持续的，也是难有成效的。

无论是媒体机构间的融合，还是新老媒体间的融合，一个重要挑战甚至是障碍便是媒体间的文化差异。每一种媒体在发展过程中都在逐渐形成自己独有的文化，这种文化是与媒体相应的传播模式、主体、手段、思维等集合作用的结果，又结合着媒体运行的环境因素、体制因素和市场因素等。在传统媒体向新媒体转型的过程中，文化性障碍表现得越来越突出。传统媒体总体上是以自我为中心的，对受众更多的是俯视的、教化的姿态，强调的是统合、引导。而新媒体的文化诞生于“草根”的江湖式文化，它表现出开放、分权、兼容、共享、戏谑、多元等特点。传统媒体在向新媒体转型的过程中，很容易产生文化上的水土不服，而这个问题并非简单地通过语态变革可以解决的。

媒介融合也是媒体与用户融合的过程，用户成为数字新闻生产、传播的新要素，用户的新闻消费模式也在发生变化，这些影响也会向媒体系统渗透。因此，媒体的变革需要在重新思考媒体与用户关系的基础上进行。

浦尔提出的媒介融合概念还包含各种传播形态融合这重含义，即大众传播、人际传播、群体传播、组织传播等之间的相互交融。媒介融合不仅打破了传统的新闻生产模式，更打破了传统的大众传播模式，作为大众传播主要客体的新闻内容也不再只承载公共生活意义，还被加入了各种群体生活、私人生活的意义。

对于媒介融合的进一步影响，黄旦等学者指出，在产业层面的融合外，另一种媒介融合是社会形态的变化，即以数字技术为元技术平台，将不同维度上的媒介重新整合于一体，形成一个全球化的、涌动的“网络社会”，而媒介组织就是这个网络中的一个节点。研究媒介融合，需要把产业层面的经验“意识结晶”融入“网络社会”的理论把握，重塑传播观念和范式。

媒介融合带来的不仅是传播的变革，更是传播与社会的新关系，对新闻及新闻生产的认识也需要基于对这些新关系的理解。

孙玮认为，技术会嵌入人的身体而成为身体的一部分。这种由技术与人的融合创造出的新型主体，正在成为一个终极的媒介。它将为技术所穿透、数据所浸润的身体命名为“赛博人”，并认为所有的社会连接都会汇聚到“赛博人”这个界面上。“赛博人”这样的新主体，会形成更多样的需求、更复杂的行为模式，以及与信息的多元关系。人与信息、人与物、人与机器的新关系也会酝酿出新的传播。当传播被改写时，新闻与新闻生产也会随之发生一定变化。

无论是哪个方向、哪个层面的融合，都意味着媒体旧有边界被侵蚀甚至消融。传统时代，媒体依靠专业壁垒形成了自我保护，当然这种壁垒也在一定程度上对新闻生产的专业性形成了保护。但当专业壁垒被破除后，这两种保护层消失，媒体资质不再是新闻生产的唯一通行证，新闻生产也不总是能获得专业性的保障。

二、万众皆媒、万物皆媒：数字环境中新闻生产主体的“破壁”

数字技术带来的新闻生产门槛的降低，以及社会化媒体构建的生产平台，使得各种主体跨越了原有的专业壁垒而进入新闻生产领地，形成了全民参与、万众皆媒的现象。

全民参与新闻生产有两种典型情境：一是偶然的、非制度化的参与，二是以自媒体形式进行的较为持续的参与。用户偶然的参与往往与新闻事件或话题的接近度相关，例如碰巧在新闻现场，或者某些新闻话题引起了他们的兴趣而引发他们的评论。而以自媒体的形式进行的持续性参与在今天也变得更为普遍。自媒体也不完全是业余的代名词，越来越多的自媒体的生产者是拥有媒体或新闻传播专业背景或其他专业、行业知识背景的用户。用户的参与方式一方面是新闻事实的提供，另一方面是与新闻相关的评论。虽然用户评论大多不涉及事实性报道，但一些时候，评论汇聚形成的公共意见会推动事件的发展，或导致媒体对事实关注度的变化，有些评论里也有进一步挖掘新闻事实的线索。无论是偶然的还是持续性的，无论是业余的还是专业的，用户参与都会带来信息环境的复杂化。

除了公众外，政府机构、企业及其他各类组织，也开始通过自己的渠道来发布信息、与公众沟通，在危急时刻，这些渠道也成为其公关渠道。虽然这些组织的内容生产目的主要是公关、营销，但在很多时候，其生产的内容也会成为具有公共价值或公共关注度的新闻或新闻素材。但是组织本身的利益诉求、立场等又会干扰其发布内容的真实性、客观性，而公众未必总是能识别其中的干扰。作为一种新的新闻生产力量的非媒体组织，对于新闻生态环境的影响也是不可忽视的。

无论公众和非媒体组织的新闻生产带来了什么样的影响，一个不可回避的事实是，今天的新闻生产已经不再是媒体的专利，而变成了一种全民的传播实践。因此，新闻传播学新的学科体系应以“公共传播”为核心概念，以社会交往、沟通、传播为基本范畴，以“技术”“思想”“表达”为关键词重构教学与学术研究体系。也有学者提出了从专业新闻学向用户新闻学转型的主张。黄旦指出，新闻学科的基础要从媒介机构或职业新闻实践，转到整个人类的传播实践，就像人类被纳入了传播平台的范畴，新闻学必须自觉地转换视角，从人类传播实践的平台范畴来观察新闻业及其实践，把新闻实践与其他的传播并置，从而讨论其可能具有的特殊性及其实践规范。

在多元的新闻生产者格局下，对新闻内容质量具有重要影响的生产者素养，也需要扩展为一种全民的素养。要让所有人都具备职业新闻生产者的素养与能力并不现实，但提高人们的信息辨识力是有必要的，这种辨识力不仅包含作为信息消费者的分辨力，还包含作为生产者与传播者的判断力。此外，对公众来说，新闻生产是公共交流的一种方式，今天新闻生产中很多困境与公共交流理性的缺失有关。因此，在面对“不思”的大众时，新闻专业主义更应该将理论视角转移到交往理性关于言语行为的有效性的维度，比如提倡参与新闻生产与传播的主体都坚守“真实、真诚与正确”。虽然这仍是一种理想目标，但也应是新媒体时代全民素养的重要努力方向。

在这样的环境里，专业的新闻生产者的专业目标及实现路径也会发生一定变化，除了新闻生产的专业性的坚守与提升外，还要致力于促进“新闻场”的进一步开放，重构适应新的媒介生态环境的新闻专业主义，传递、讲述以公共性为核心的“元传播”模式所应有的核心要素和规范理念，成为真实、理性、开放、多元等公共交往理念的维护者、阐释者和示范者。

除了“万众皆媒”外，另一种可以预期的前景是，在未来新闻生产系统的各个环节，参与主体将不仅是人，“万物皆媒”将带来数据采集与加工的自动化。在物联网等技术的支持下，各种智能物体可以自动从其监测对象那里采集信息，这既包括自然与社会环境信息，也包括人的动态行为数据。与以往仅靠人进行的信息采集相比，智能化物体进行的信息采集可以到达人不能到达的领域，延伸到人的感官不能触及的信息维度，也可以实现全天候不间断监测。智能物体与人工智能等技术的结合，也可以完成信息的智能化加工与分发。因此，“万物皆媒”也会扩展人的认知边界，人与物、人与环境的信息互动会带来新闻生产与传播的新模式。

“万物皆媒”的前景下，新闻生产会面临更多新挑战。物的数据是否准确、全面，如何评估数据质量，物的数据被谁掌控、这种掌控权力有多大，数据是否可以对公众开放或对媒体开放，新闻生产者如何将物的数据与人的观察、分析结合，等等，这一系列问题，都将成为新闻生产中的新问题，我们也需要提前做好理论与实践的准备。

第四节 传播技术加速视域下的新闻媒体发展趋势

著名学者麦克卢汉指出，电子媒介对现存社会形式的冲击中，最主要的因素是速度与断裂，一切交换与人类连接的工具都倾向于为加速所改善，速度也强化了形式与结构的问题。“速度”是新闻产业从不忽视的议题。

一、速度与时间对传统媒体的影响

都市景象与社会结构迅速转变是现代化的开始，而科技的发展与渗透，让社会与生活中的“即时性”成为值得关注的项目。谈及速度，要先讨论“时间”。时间议题与资本主义的发展紧密连接，社会的加速在资本主义的劳动者心目中，是效率提升、工作倍增的象征。英国学者汤普森指出随着工业化的扩张，以时计酬的普遍，让社会的时间工作纪律，内化至劳动者价值体系，塑造了当代生活形态，时间纪律内化成为现代人的时间韵律与生活方式。

时间的标准化以及加速的时间经验与现代性特质密切相连。英国学者安东尼·吉登斯将现代社会的时空关系称为“时空疏离”，过去时间和空间是不可分割的，现代社会的时间则脱离社会具有自成一格的计算方式。他认为电子通信科技形成密集网络，更加彻底改变人的生活，形成“高度现代性”的特色。简言之，对安东尼·吉登斯而言，通过科技与制度，使远距离的社会事件和社会关系与地方性场景交织，人与人之间的社会关系，打破了时空限制，逐渐伸展到远方。

英国学者大卫·哈维则以“时空压缩”来解释全球化，资本主义的发展具有在生活步伐方面加速的特征，同时克服了空间上的各种障碍，空间收缩成了“地球村”，资本家为了缩短货物运输、买卖的时间，因此通过快速运输工具，例如早年的汽车、火车、轮船，以及现在的飞机，加上生产技术的革命，时间和空间获得了实质的压缩，全球每一个角落、每一个人类都成为一体。哈维提出“时空压缩”的主要特征，借助卫星通信与交通成本降低，决策立即传送得更远、更广，这种弹性和行动力使得跨国分工成为可能，影响性深入人们的日常生活，他认为，电子通信使整个空间像是“地球村”，整个地球像是经济与生态互相依赖的“太空船”……时区缩短至只剩当下……我们因而必须学习对应当代时间与空间世界压倒性的压缩。

英国社会学者齐格蒙特·鲍曼在《液态现代性》一书提出“液态现代性”的观念，他用固态的现代性与流动、液态的概念代替了他早期使用的“后现代性和现代性”一词，以固体和流体之间的对比，来说明当前人们所面对的“现代性”已和过去的现代性经验不同。试图以“解放、个性、时空、工作和共同体”这五个概念来理解当前的社会状况。固体、坚固的现代性是以空间的占有为主，此一阶段以先前的工业革命和资本主义体制发展为代表。而当前的现代性，则是流动的、变化多端的。特别在经过全球化的冲击、资本主义的竞争下，人们不管是感受到的和实际上的状况，每天都体验着“不确定的生活”。

以液态现代性的变动与轻灵特质观看媒体产业，在网络科技发展以前，具备自我主张、带着“守门人”角色的新闻记者，以具新闻产业的特殊文化，抵抗商业的入侵或影响，新闻记者描述社会的方式是不断的报道快速变化的社会，提供人们信息、了解社会的力量，记者通常以专业选择“硬”新闻，制造既存力量和既有的机制，随着媒体选择支持政治、财经精英的态度与行为，新闻产业渐渐失去了对日常居民生活的接触和理解。

网络科技兴起后，加速的节奏和科技工具的进步，让新闻媒体从生产信息的支配者，变成大量向社会各阶层取材的依赖者。齐格蒙特·鲍曼的“生产者社会向消费者社会的转变”，用以解释当前的新闻产制环境格外贴切：生产者（新闻产业及专业记者）占主导地位，支配并发表可信的、客观的、被筛选后的新闻，由于技术的限制造成产品（新闻）的有限性，消费者（读者）必须依靠现有的产品种类。但在液态的现代性中，读者选择弹性变大，甚至本身就是生产新闻者，新闻产业反而必须“向读者转化”。

新闻的“快”并非新鲜事，从字面上来说，新闻价值原本就在于通过争取时间、分秒必争，将“新”信息迅速传递到读者手中。但受到传播科技的进步，所有媒体都必须“加速”，更因为技术的进步，让信息的普遍无所不在。法国学者维利奥针对持续的科技革命指出，20 世纪以来传播与媒介科技不断革新，不但让“出发”的概念成为多余，并带动了“信息的普遍化抵达”，媒体的关键概念在于“象征输入与输出，取代从前人们或物体通过空间延伸等传统散步而移动的相关行为”，从这些观察中，法国学者保罗·维希留点出了接近性的本质，从空间转换为时间方面的现象，“即时性的即时”宰制了媒体。

从加速的角度来看当代传播产业的变化，更可看见当代人们受“速度”的影响。当代资本社会讲求效率与分秒必争，要求记者随时能反映社会结构与资本运作的变化，任何事物都显得流动、快速、零碎，人们必须不断地掌握信息，作为下一步决策的依据。信息与通信产品功能开始整合成“资讯通信产品”，由固定形式（市内电话、个人电脑）变成流动而可携带。媒介科技轻易而简单的家居化、个人化，更使个人对日常媒介的接收方式个人化，集体收看、收听的习惯逐渐消逝，转为网络上个人自取世界信息资源。电话、网络压缩了时间和空间特质，对受众来说，通过媒介的多功能更快速地接触社会，通过网络联络虚拟的朋友，在社交网络上依赖朋友传递的信息更快得到社会信息。从内容的即时性，到新闻终端日趋移动化，让传播科技得以塑造人们更加液态、变动的生活。

二、先推送、再验证的移动新闻时代

新媒体科技的进步，例如卫星、光纤、无线网络技术的改进，加上新闻产业全面数字化、通过网络传送，媒体更狂热于速度，所谓“快速线上新闻”，展现在新闻文本的呈现，是快、短、肤浅的事实更新，也较少进行新闻分析，重点在于“最新的新闻”，无视其重要性，虽然正确还是新闻的第一要件，但“速度”已经是传统平面新闻逐渐兴起的趋势。平面媒体认为，快速的新闻，有助于抓住读者的眼球，带来流量和网络广告，借以补足平面营收不断下降的趋势。感知到用户对于信息的速度要求，几乎所有的媒体在 Web1.0 时代进入数字化后，又要马上跟进科技的变迁与提升。在新闻组织与新闻记者的产制过程都进入 Web2.0 的互动化时代后，接着又加紧跟上 Web3.0 主张的移动化，让新闻受众在任何时间、任何地方，都能够接触到各种信息。“数字优先”是全球印刷媒体的转型第一口号。通过跨平台的装置，信息要更快速地让受众知道，并且引导成为流量与转载。在传统平面产品营收剧烈下滑之际，争取数字读者，业者深信要点就在一个“快”字。速度让不同形式媒体界限模糊，加速传递的各种新闻和信息，却可能产生比过去严重的问题。在过去技术受限的时代，电视、广播比起印刷媒体更加快速，以技术的优势，利用突发新闻或即时连线新闻抓住注意时效的受众。但英国学者刘易斯针对英国的 24 小时电视新闻进行研究，发现科技进步无助于加强独立的新闻报道或是报道更多重要的“事件”，相反的，电视台为了让频道保持收视率，频频推出“突发新闻”争取观众。过去突发新闻多是独家或是不可预期的特殊事件报道，但后来变成只要是记者马上取得的新闻，迅速传回电视台，经过简单编辑就成为“突发新闻”，变成一种“令人喘不过气的例行公事报道”，一种“全部都是重点”的报道方式。突发新闻的价值在于新奇、戏剧、不可预期或是刺激，但在时间的压力下，许多不符合突发新闻价值的新闻之所以存在，是因为即时转播报道可以让它变成“实际的感觉”，而非因为其内容特殊性，知会读者特殊重要新闻的功能消失，只是纯粹的“最新的新闻”，用以证明即时性，而非媒体善尽告知大众信息的责任。

在重大新闻呈现时，“速度”有其优点、展现媒体优势。但因求快速所产生的问题，却让媒体频频打脸。为了争取时效、发布更多信息，不分电子或平面记者，遇到新闻事件无不以追求第一、消息多元为优先，甚至对媒体来说，现在所谓的新闻就是当下发生的事情，不管是否要查证。过去新闻机构生产新闻，机构分为作业生产的后台与刊登新闻的前台新闻记者收集、处理信息，经过组织审查，在（对读者是封闭的）后台产制新闻，再将有可信度的新闻在前台推出。但在网络时代的作业状况，信息随时出现，记者随时采访写作，收集与处理信息不分截稿与否，而新闻的产制与呈现则是随时在变动。科技改变前台、后台的表现，对过去被“赋权”的新闻记者来说，是潜在威胁。传统“说实话”的新闻理念，主张的内容由专家制造，当信息被展现在大众面前时，不包含非确定性、谎言或是误导信息，否则就代表着内部流程缺陷，违背信任与权威。但快速的网络、不断更新的新闻信息，将隐藏的新闻流程公诸于世，也可能带来部分被报道事件的失控，同一事件出现不同、冲突的两种角度，可能带来混淆困惑，让外界对新闻记者讲真话的角色产生冲突，影响新闻专业的权威。这种情况一天发生几次，有可能赔上新闻机构的信任以及权威；但矛盾的是，用户对即时性高度欣赏，有时愿意用速度换取正确，导致新媒体时代的新闻网站首页，充斥着草稿信息流。即时新闻是国内媒体产业试图以速度争取流量“回归”的策略。但强调快速，也产生了各种问题，除了错误几乎是不可避免的状况外，很多学者已经注意到了各种现象，包括从新闻事件发生到写成报道间的时间缩短、无暇查证，导致新闻品质的下降；对新闻的注意力转为符合短期的需求，只要满足组织要求，也强调短期间发生的事情，对于逐步发生的事件则没有注意力；新闻从记者到编辑到出手给读者的滚动时间更快，缺乏专家的知识或是专业的认可，或以来得及取得的信息为主；增加了记者工作的密度和压力，却缩短了采访的时间；也让记者写稿越发“精简”，电视新闻时间缩短，而文字新闻内容也更加精简。

第三章　新媒体时代新闻传播的主体变迁研究

第一节　新闻传播主体与接收主体关系的演变过程

新闻主体是指在新闻信息传播过程中，那些处在传播活动不同的环节，担当不同角色并且发挥着不同作用的新闻传播者与新闻接收者共同构成的。新闻传播主体就是指新闻媒体的所有者和从事新闻传播活动的传播者（也就是人们常说的新闻工作从业者）构成的；新闻接收主体我们就可以简单地理解为新闻传播过程中接受信息的群体或者个人。新媒体时代的到来，尤其是互联网技术的快速发展，从根本上改变了传统新闻传播过程中的传、收关系，与传统大众传播媒体相对固定的传播模式来讲，新媒体时代使每个人都可以成为信息的传播者，也就是意味着人人都可以是新闻的传播者。新媒体时代的到来标志着新的传播方式的出现，这种新的传播方式出现就带来新闻传、收主体的变化问题，新闻传播活动的接收者不再是简单的接收者了，他也能进行传播活动，而新闻传播不仅能传播新闻，同时还能接受到新闻活动受众的反馈，这样新闻传播者也变成了接收者。

新闻信息的传播主体与接收主体之间的关系有着一段漫长的演变过程，在这个演变的过程中，传播主体与接收主体还呈现出各种各样的传、收关系模式。并且传播主体与接收主体之间关系演变的过程，还生动形象地反映了人类整个新闻传播活动的面貌。

一、传播主体与接收主体不分的朦胧关系

我们知道人类的新闻传播活动和发展经历了一个漫长的过程，但在这段漫长的历史中，新闻职业者的出现却也只是三四百年前的事情。在这之前，新闻的传播主体和接收主体之间并没有比较明显的角色界限，事实上就是当时的人们还没有十分清晰的传播者和接收者的概念意识，也没有将新闻传播者与接收者区分开来，这也说明了在当时根本没有这两个概念。我们将新闻传、收主体之间没有明确的角色区分的关系，称为传播主体与接收主体不分的朦胧关系。这个阶段的开始大致是人类产生了新闻传播活动，并且以西方的新闻事业的出现为终点。

传、收关系不分的现象，主要原因就是当时人们还没有“传”与“收”的角色定位理念，传受的角色在实际的信息传播活动里是在不断地发生变化的。这种现象主要来说是由于当时的人们并没有将新闻传播活动与其他的信息传播活动区分开来的意识，新闻传播活动是一种自发的、并非自觉的状态，这个时期新闻传播主体还处在一种潜在的状态。然而新闻传播者与接收者之间关系的混沌关系，只是概括性描述在新闻事业职业化之前信息传播活动中传、收双方的关系，并不能详细反映在那个漫长时期里人类新闻传播活动的所有细节。事实上，在人类处在结绳记事的时代传、收分工已经开始出现了，比如那些吟唱诗人，经常在他们的吟唱中向听众汇报一些新闻；还有像中国古代从事邸报编辑工作的人，虽然他们不能与现在

的新闻工作者相比，但他们也是在从事着一些采集、编辑着古代的政治性新闻。

新闻传、收主体不分的关系将会是一种持续性的现象，不会因为人类新闻传播活动进入了新的时代后而消失，这在我们进入新媒体时代后就有很明显的表现。

二、传播主体与接收主体分立的对应关系

随着人类社会文明的进步与发展，尤其是西方文明出现之后，人类社会发生了很大的改变，政治、经济、技术以及其他方面都展现出了亘古未有的景象。这个现象在新闻传播的领域，主要体现在大众传播方式的诞生，使新闻传播与其他的信息传播活动进入了一个崭新的时代。在这个时代里新闻传播活动成为一种事业，有专门的人从事这种职业，而这种新的事业的诞生，就使之前的人类面对面的传播，新闻传播者与接收者浑然不分的状态发生了巨大的变化，新闻传播者与接收者开始呈现出分立对应的现象。这一时代可以从报纸的产生开始算起，一直持续到现在。

1609 年在德国出版的《报道或新闻报》，是世界上最早出版的印刷周报。当印刷新闻报纸的出现，标志着新闻业的正式诞生，因而专门从事新闻传播活动的人也伴随着新闻业的诞生而出现，传播者与接收者的角色也得到了固定。所以说，印刷的新闻报纸出现也标志着传播者与接收者对应关系的开始。当大众传播时代的到来，大众传播得到了快速的发展，从而形成了新闻传播主体与接收主体的对应关系，也正是大众传播活动的介入，使新闻传播者与接收者有了明显的角色划分，是二者分别处于传播过程的两端。这也就是意味着二者的主体意识有所增强，角色意识明显化。但是，新闻传、收主体在这种对应的关系也有潜在角色互换的现象，在当时这种现象并没有被具体化提出。这种新闻传、收主体角色互换现象在我们所处

的这个新媒体时代已经开始渐渐地显露出来。

三、传播主体与接收主体和谐的一体化关系

在传统的大众传播模式中确立了传播主体与接收主体的关系，它是一种对立的关系，这种关系就确定了传播主体处在不可否定的主导地位，因此可以说是传播主体主导了传、收关系，这种现象在新媒体时代出现的今天也没有发生根本性的变化。在我们进入新媒体时代后，新闻传播活动不再仅仅依靠传统的三大媒体进行了，新兴的媒体慢慢地介入新闻信息的传播过程中，而且新媒体时代改变的不仅仅是新闻信息的传播方式，更是改变了人们对新闻传播活动的传统观念。人们已经不再满足改变新闻单向传播的模式，希望可以实现双向的互动的新的新闻传播活动。网络媒体的出现就很好地解决了这个问题，从而也就改变了传统的新闻传播模式，在新闻传、收主体的关系上可以很好地体现。在这个时代传、收关系呈现出一体化的关系，在互联网上，如果你想的话，人人都可以是传播者，同时也是新闻信息的接收者，但在本质上却有不同，这是经历过对应后的统一的过程，是传播主体与接收主体角色意识的一体化，是经过否定之否定螺旋上升后相对和谐的一体化关系。当新媒体传播技术融入新闻传播的领域里，传统的有由传播者占据主导新闻传播活动地位的传播方式开始向接收者占主导地位的传播方式转变和变迁。

第二节　新媒体时代新闻传播主体与接收主体的现状

当我们进入新媒体时代，传播主体与接收主体之间的关系也有了新的表现形式，这主要立足于当代人类社会发展的状况。当我们进入新媒体时

代，在新闻信息传播活动过程中，传播主体与接收主体之间的也有了新的关系特征。

一、新媒体时代传播中传、收主体关系的新形势

首先，新媒体时代的传播过程中，传、收的“本位”有了新的变化，这里的“本位”问题主要讲的是新闻传播从谁发出的问题，即新闻传播按照谁的利益和需求来确定传播内容以及传播方式这个至关重要的问题。在早期人类还没有明确传、收角色的角色意识时，并且在没有强制性的媒介作为新闻信息传播的渠道的情况下，也就不存在谁是本位的问题，或者说信息的传播主体与接收主体不是自觉地进行着角色互换，也是一种原始的新闻传播者与接收者互为本位的关系；当大众传播模式成为新的传播模式时，这种关系又变相对对立的。从大众媒介传播活动的历史来看，新闻传播主体长期占据了信息传播过程的主导地位，一些像“传播什么、怎么样传播、为什么传播”这类的最基本问题，都是由新闻传播主体根据自己的需求以及自身的利益决定的。当进入新媒体时代，新闻传播媒介越来越依赖新闻接收者的选择而求得生存和发展的时候，新闻活动中传播者与接收者之间的本位关系出现了新的变化。这种变化最突出的表现就是受众在新闻传播活动占据了主导的地位，新闻接收者不再只是被动地接收新闻，而是更多地参与其中。

其次，这种古老的面对面直接互动的交流方式，其实是一种实时的、效率较高的沟通方式。新媒体传播改变了这种古老的传、收之间的互动方式，通过互联网把整个世界、整个人类都串联起来，而且人们通过互联网可以自由地交流互动，这样就把新闻传播主体与接收主体之间的关系推向了一个新的境界。“连接”是互联网最根本的内涵，在新媒体时代，新闻传播者与接收者由“连接”产生互动，在互动中二者追求交流和理解，这也

就是新媒体时代互联网的魅力。互联网变成了世界的神经系统、血管，信息是流淌在血管里的血液、是神经系统中的各种信号。人人都想变成这庞大的网络上的一个环节，以便从一个看来微乎其微的点上，带动整个世界的神经。网络已经成为这个信息时代中人类之间的沟通重要的手段。当这样的手段与新闻信息传播媒介相互融合时，它所带来的影响很大，新闻传播观念和新闻传播实践就是“互动”。互动的本质是人与人之间的互动、人与社会之间的互动。对于新闻传播活动来说，这种互动就是新闻传播者与接收者之间的互动交流，它具体表现为大众传播活动由单向发送模式转变为双向、多向的交流互动。新闻传播过程中的互动是指传播者和接收者之间的双向互动传播。这种互动最为突出的结构就是改变并强化了新闻接收者在新闻活动中主体的地位，使接收者有更多的机会与新闻传播者进行交流和对话，这就说明互联网所带来的传播模式打破了传统大众传播媒介的传播主体单向传送信息的格局，这样就使新闻传播者与接收者之间能够更加容易地进行交流互动。但是更为重要的是，这种互动使新闻接收者从以往相对被动的角色转变为主动的、与传播者相似的观察者和发言者。传统传播媒体很难实现这种互动，到了新媒体时代，尤其是互联网的普及，这种互动就得到了很好的发展，面对网络人们可以自由地进出，也可以自选自发，这也就是意味着一种新的传播理想构建正在慢慢成为现实。

最后，在这种互动的传播理念和传播方式中，还透露着新闻信息的传播主体与接收主体之间的平等的观念。如果主体间不平等，就很难实现实质的互动，不平等的主体之间的互动，必然是一方主动另一方被动的互动，这样在本质上是没有互动的。互动应该是平等的交往，而一个时代的交往的性质和水平，不在于交往什么，而在于怎样交往，用什么中介手段交往。麦克卢汉的“媒介即讯息”似乎也正是这个意思。这种跨时代的传播手段带来了跨时代的交往方式，这也带来了跨时代的主体之间的关系。在新媒体时代，网络成为主流的时代，已经没有新闻信息传播者和信息接收者之分了。每个人都能参与到新闻工作之中，每个人都有向其他人传播信息和知识的能力。在新媒体时代给我们带来的崭新传播观念里，从新闻信息传播者的角度来看，就是将新闻信息传播活动中的接收者看作是与自己地位平等的主体，而不是将接收者比作被动地接受新闻信息的容器。当人们意识到新闻接收者是与传播者是同等地位的主体时，尊重接收主体的利益和需求也就成了顺理成章的事实，双向互动式的传播也就可以得到完美的现实。所以在最理想的新闻信息传播的活动中，传播者与接收者共同构成了新闻传播的主体，他们之间的关系应该是平等并且互为尊重的主体之间的关系。当这种理念成为未来新闻传播活动的理想状态时，新闻信息传播活动的全球化也将变成现实，这样新闻传播者与接收者在传播活动中才能成为平等的主体，并且一起运用崭新的传播媒介，去实现新闻信息的交流和共享。

二、传、收主体的“转移”与“互动”

关于传播主体与接收主体这两个在新闻传播活动中的两个端点，传统的新闻研究者已经总结出了许多的理论和模型。这些以传播效果研究为理念的理论和模型的价值核心都是强调新闻传播主体对接收主体的强大影响，并且是以新闻传播主体为中心的出发点和理论依据的。但在新媒体出现以后，极大地影响和冲击了传统的新闻信息传播价值观。以互联网为首的，包含数字电视、移动电视及手机媒体等的新媒体时代的快速发展，在新闻信息传播的过程里，传播者和接收者的在关系上鲜明地表现为两个主体之间的多向、互动以及平等的交流，凸显了传播主体与接收主体的角色交换和变迁。接下来我们先拿新媒体时代与传统时代进行下比较，这样会比较明显地表现出新闻传播活动的变化，进而也能看出新闻传播主体的变迁。

首先，从新闻信息的传播者与接收者的关系上来看，传统的大众传播媒体的传、收关系是比较固定的，传播主体与接收主体的关系也很分明；而新媒体的传、收对象不固定，传播主体和接收主体是可以相互变化的，关系不明确。其次，在新闻信息的传播方式和方向上，传统媒体是固定单一的，是一种由上至下的。相比较之下，新媒体的传播方式不是固定不变的，它的传播方式没有具体的方向感，并且新媒体的传播方向是去中心化的非线性多向传播。再次，在传播的形状方面，传统媒体呈现出块状，很容易把握；而新媒体的传播方式却是以崭新的碎片状出现的，这样就很不容易把握。从这一点也可以看出新媒体大众化的特点，碎片化也标志看出新闻传播活动中接收者也在逐渐地变化着。最后，在传播控制和影响上，传统媒体有严格的议程和把关，比较容易控制，虽然传播范围有限，但说服力和影响力很强；新媒体时代没有严格议程和把关，所以很难得到控制，但它的传播范围却非常的广，影响力很大，说服力却是一般。总之，新媒体时代与传统时代相比，在传播流程和特点上有很大的差别。

第一，新媒体对传统的议程设置进行了改革，“议程设置理论”最先是由1922年李普曼的《舆论学》提出，由麦库姆斯和肖不断完善，于20世纪60年代形成具体的理论体系。这个作为解释传播者与接收者之间关系的最为经典的理论，很好地揭示了传统的大众传播媒介对受众思维和生活的影响。这个理论表明，新闻媒体在很大程度上决定了人们的思维与行动，新闻媒体利用议程设置，可以在受众的生活环境中营造一种“拟态环境”，并且这个由媒体制造出来的“拟态环境”会在人们头脑中形成关于外部环境的虚拟图像，使受众把“拟态环境”当作现实环境，并影响到了人们的社会活动。我们不难看出在实际的传统媒体传播活动中，大多是通过这样的“议程设置”，通过“把关人”的严格把关，“把关人”在这里占据了极其重要的地位，他们完全能决定信息的选择和发布。但是在新媒体传播的过程中，传统的媒体中的“议程设置”和“把关人”就被彻底地颠覆和消解了。

与传统大众传播媒介相较，新媒体的传播活动拥有互动交流和跨越时空的特点，而且还将传统媒体的一点对多点传播方式改变为多点对多点的传播方式，信息主体也由单元化变为多元化，并且大大地削弱了“把关人”和“议程设置”。如在网络媒体里，它提供了一个开放的传播平台，受众可以通过网络自由的交流信息，“面对面”地直接地交谈，发布自己的所见所闻。在新媒体时代的传播环境中，受众可以通过网络掌握大量的发言主动权，并且大大削弱了“把关人”和“议程设置”的作用。在新闻传播活动中，受众无需再像先前那样，将自己的即时见闻向媒体投稿，然后经过删选和把关后才能发表，现在受众只需要利用电脑和网络就可以将自己的见闻和信息发布出去。新媒体时代的到来，大大地改变了新闻的呈现形式，受众逐渐地改变接受新闻的形式，而且受众不仅仅是被动地、单向地接受新闻，更多是主动地传播新闻，也就是变成新闻活动的传播者。

第二，“使用与满足”成为新闻传播主体和接收主体的共同追求，在传统的新闻信息的传播活动中，这个理论主要是针对新闻信息接收者研究的。在新媒体时代，主体的使用与满足是所有新媒体的追求，新媒体打破了传统的新闻传播者与接收者之间的关系，所以不管是传播者还是接收者，他们使用新媒体的目的都是寻求信息和娱乐等的满足。很明显人们使用新媒体是为了满足他们的特定期待，一些新出现的传播工具的目的都是满足人们需求的。特别是年轻群体，他们更倾向于网络和手机这样新的媒体形式。并且手机这种媒体以其他媒体不可比拟的便携性、贴身性和移动性深得年轻人的喜爱，它可以使传播主体随时随地与受众交流自己的所见所闻。就像人们认为，钱包可以丢，但是手机丢了，你丢的就不仅仅是手机，而是你习惯的生活方式。并且新媒体时代所特有的虚拟性也能使受众能够得到现实中得不到的或者失去的心灵上的补偿。

“使用与满足”理论还告诉我们，新闻接收主体是带着他们的特殊目的去接触媒介的：首先，接收主体可以通过新媒体时代传播的信息内容来消解愁闷，躲避日常生活带来的各种影响，摆脱烦恼、放松精神、消遣娱乐。其次，有些娱乐节目可以给人们提供一种全新的虚拟的人际关系，就好比我们会对这些节目的出场嘉宾和主持人产生一种熟悉的感觉，这种虚拟的人际关系，还可满足人们对社会互动的心理需求。再次，受众还可以通过媒体报道解决矛盾事件的过程获得对自我评价的参考框架，这样还能引起受众对自己的所作所为的反思，并在这个基础上对自己的想法和行为进行修改。最后，受众还可以通过大众传播媒体，取得与自己生活直接或间接相关的各种信息，及时地把握身边环境的变化，如一些商业和房产信息等。

第三，与传统时代相比，新媒体时代在传播观念和方式上渗透着一种新闻传播主体与新闻接收主体平等的观念。这种新理念表明只有传播者与接收者处在平等的位置上，才会有传播者与接收者的互动，接收者才会有更多的机会反馈自己的感想，发表新鲜的见闻，从而更好地实现二者的角色互换。当新的传播方式出现，人们对新闻信息传播活动中的传播者与接收者之间的关联有了新的思想理念。这种新的观念的出现使新闻传播主体和接收主体之间的互动性成了受众新的追求。这个理念就是由新闻单向传播向双向、多向传播的发展过程，这样就将受众表达自己想法的权利变成一种可行的、现实的权利。将新闻信息的传播主体与接收主体看作平等互动的主体，并且接收主体再也不是被动地没有选择地接受新闻信息。只有当人们意识到传播主体与接收主体都是一样的主体时，才能使接收主体的利益得到重视，就能更好地实现双向互动式的传播。在理想化的新闻信息传播过程中，新闻的传播者和接收者应该是共同构成新闻主体的，他们之间的关系应该是互为平等的。他们应该共同驾驭崭新的新闻传播工作，在主体之间和谐的前提下共同完成新闻传播活动并且共享新闻信息。

第四，与传统媒体的传播活动相比较，新媒体时代下，新闻传播主体与接收主体之间的关系也有了新的表现。在传统新闻传播媒体为主流时，它介入传播者和接收者之间，使这二者之间形成了对立的关系。在很长一段时间里传播者占据着传播活动的主导地位，也就是传播者根据自己的需求和利益来决定传播什么、怎样传播以及为什么传播这些最根本的问题。由于新闻传播慢慢地成为社会公器，这样就越来越倚重接收者的选择和喜好，传统的新闻传播者为主导的新闻传播活动就很难开展和运行了。随着新媒体时代的到来，受众慢慢地成为新闻传播活动的主导，新闻接收者掌握越来越多的话语权，他们甚至可以决定新闻传播活动的进程。因为，新闻传播接收者不仅仅是一个人，它更是数量众多的大众，他们是最具有发言权的事实的见证人，并且也是最好的新闻检查人，他们的意见决定着新闻媒体的发展。新闻接收者不再受人摆布，他们可以根据自己的生活感受对新闻信息进行取舍，全部或者部分接收，或者根本不接收。因此，在新媒体时代里，传统意义上新闻传播接收者可以主动地通过崭新的媒介与传播者进行互动，受众不再仅仅拥有信息获取的权利，同时还能充分地表达自己的意见和观点，受众越来越多在同一时间内去担当新闻传播者与接收者。

第三节 新闻传播主体变迁的影响

一、对新闻理论的影响

（一）对新闻概念的重新定义

首先，新闻概念被扩大化了，在传统的新闻理论中，新闻的定义是非常复杂的，无论新闻被怎样的定义都是与信息区别开来的。信息的概念要比新闻的概念涵盖面广，而且信息不一定是新闻，只有那些新近发生的、有价值的并且被传播的事实才是新闻。但是随着科技的发展，新的传播技术的出现，特别是互联网的快速发展，增加了人们参与媒介的渴望，对待信息的态度也在不断改变，传统的新闻理论存在的社会环境发生了变化，这样必然会引起新闻概念的变化。如现在新兴出现的公共新闻、公民新闻以及受众参与式新闻，它们都是作为一个独立的概念而存在，这就充分说明了传统的新闻分类和原有的定义并不能很好地适应新的环境。像这种公民新闻传播的新闻信息在传统的新闻理论中并不能被称为新闻信息，尤其是现在受众普遍使用的微博中发布的一些简洁的消息，有可能就是一句话，连消息都算不上。消息作为新闻的基本题材，包括时间、地点、人物、事件的起因、经过、结果。所有新闻在结构上都是由标题、导语、主体、背景和结语五部分构成的。由此可见在新媒体时代中，传统的新闻理论意义上的新闻定义以及分类不能满足信息快速发展的需要了，新闻与信息的概念也越来越模糊了，而新闻传播主体的公民化使得传统新闻定义不符合时代需求了。

其次，新媒体时代的新闻小众化、社区化。比较发达的社交网络的到来，人际传播在互联网中应用越来越广泛，每个人都会根据自己的喜好和需求建立自己的小圈子。在网络中受众除了关注公共事件外，还关注与自己生活相关的个性化、地方化的新闻，这些在大众媒体眼中琐碎的、无用的并且不具备大众传播条件的信息，远远地超过了大众媒介对信息的容纳程度。但是在这些小众化的圈子中，这些信息对于他们来说是与他们生活息息相关的。这样就产生了对新闻定义的另一层考虑，在传统媒体的眼中不是新闻信息的信息，却在一些小众中成了新闻信息，这种以本地新闻和小群体为主的地方性报道方式促进了各个小群体之间的交流与互动。

最后，弱化了新闻的客观性。新闻的客观性是指记者应该采取中立的不偏不倚的立场，以超然于事实之外的态度来公平公正地报道新闻事件。每个记者在报道新闻事件的时候应该做到将事实与观点分开，避免新闻记者的个人主观意向，只是客观地报道新闻事件的事实。作为理性和感性并存的人类，对于喜好的个人倾向是与生俱来的，并且与社会中的其他人有各种复杂的关系和利益冲突，就算是大众传播媒介本身也承受某些政治和商业压力。这些就会对新闻的客观性产生一定的影响。作为新媒体时代下传播主体的公民虽然不能摆脱人类天生的主观偏向，但这些公民至少没有像传统的传播媒介那样要面对来自政治和商业的压力，大众参与到新闻信息的制作是为了有效信息的传播，所以这种公民新闻传播较传统大众传播更容易做到公开、公平、透明、详尽。在公民化传播的新闻当中，一条有价值的新闻信息一旦进入了大众的视野，就会有不同的人对同一事件进行各个方面的详细的报道，每个人分工不同，有的去了解事件的背景，有的去调查事件原因，还有的对事件进行深度挖掘，这样的报道方式有助于全方位了解事件，在多方面的信息面前受众判断自己的立场，不再是通过传统的大众媒体接收同一种声音了。这种公民新闻中有些消息是来自当事人，当事人对新闻事件的公布肯定会以自身的立场人为报道的出发点。就是说新闻的客观性在公民的新闻传播活动中很难做到，但这并不影响新闻信息的价值、真实性以及传播的影响和效果。

（二）对沉默螺旋的逐渐消解

“沉默的螺旋”这个理论，最早出现于诺依曼 1974 年在《传播学刊》上发表关于传播与受众的一篇文章，其后诺依曼在 1980 年出版了《沉默的螺旋：舆论——我们的社会皮肤》一书，它主要描述了这几种相对典型的现象：首先，大众传播、人际传播和人们对“意见环境”的认知心理三者相互作用，这种作用的结果就会产生舆论。其次，再经由大众传媒强调与提示，这种意见由于具有表达的公开性和传播的广泛性，就很容易被认知为“多数”或“优势”意见。最后，我们这种对环境的认知所带来的压力或者安全感，会引起我们日常生活的交际接触中的“劣势意见的沉默”和“优势意见的大声疾呼”呈现螺旋式扩展过程，并导致社会生活中占压倒性优势的“多数意见”——舆论的诞生。诺依曼的“沉默的螺旋”理论具有很强的现实性和功能性。这是因为传统的大众媒体具有很强的控制社会的能力以及政府的附属性，这些传统的传播媒介往往被社会上有权力的人或者被传播媒体的巨头控制着，大多数的新闻接收者是没有机会去进行发言的。因此，传统媒体由于言论而形成的大多数意见，在很大程度上影响了社会公众的意识形态，并且能够形成强大的意识力量和社会效果。诺依曼的这个理论指出，在传统的传播环境中，传统媒体的影响不仅仅停留在认知阶段，而是包括大众的整个从认知到行动的过程。

当我们进入新媒体时代以后，新媒体具有与传统大众传播媒体在本质上区别的特性，如开放性、多元性、互动性等，诺依曼的“沉默的螺旋”理论对新媒体的作用就大大地降低了，很难说明新媒体所带来的新的传播现象了。首先，诺依曼的“沉默的螺旋”理论认为，大众传播的方向总是与社会的价值观是一致的，而且社会凝聚力和意识形态是以惩罚那些脱离了我们普遍认可的价值观以及社会舆论的方向的人们为基础的，传统的大众传播媒介就是通过这种方式来影响并且限制社会舆论的。但是，当我们进入新媒体时代，互联网媒体得到快速普及，受众可以通过网络传播新闻信息，由于网络传播的群众的不稳定性使得社会的价值观也变得不稳定了，所以很难再形成社会凝聚力了。在新媒体传播中，尤其是在网络传播中，如果发表信息的人感觉到某个群体中的“压力”时，他可以通过转移受众的注意力的方式代替从众的方式来消解压力，并且在网络中的开放性传播中，他们可以不断地寻找与自己意见相同的受众，这样也可以降低并消解压力。其次，这个理论认为当人们的观点与“意见环境”不一致时，他们就会感觉孤独并且没有援助，这样他们会产生恐惧。但是新媒体有一个最显著的特点就是传播的虚拟性。现在网络的传播很多都是匿名的传播，受众们不会再沉默，他们在网络上可以找到与自己相同的群体，从此他们不再感到孤独和恐惧。这种网络所带来的虚拟性的开放性空间环境，使新闻信息传播者超越空间的限制，生活在不同的虚拟的空间里。在这个虚拟的空间里，受众常常以虚拟的身份自由地发表意见，而且还可以扮演各种虚拟的角色，隔离并消除了“优势意见”以及“社会制裁”。

传统的传播媒体在传播社会舆论的过程中，在总体上是表现得相对集中和稳定的，是一种重视宣传口径的线性传播。这种传播是“沉默的螺旋”理论的基础。新媒体是一种同时具有分散性和不稳定性的非线性传播，微博、微信、QQ、手机传播经常表现为非线性和分散性的，以及这种传播是不稳定的。新媒体所带来的新的传播形式缺少了传统传播媒介所编辑的“议程设置”，新媒体的传播缺少起决定作用的主体性角色，这样也使社会舆论的力量不断地发生改变并且被分解，就很难再重新统一起来。新媒体的这种传播模式不但从根本上瓦解了传统大众传媒信息传播的“权威力量”，而且也取消了其影响舆论的“优势意见”。

二、对把关活动的影响

（一）新媒体时代中的把关人

一直以来都是由传播者处在新闻信息传播活动中主导位置，是由媒体负责人、职业记者或编辑来进行把关以及宣传的活动，并且长期强调“以传播者为中心”论点，处于新闻信息传播活动末端的接收者只能被动地接受传播者经过把关和删减的信息和内容。这就表明，传统大众传播媒介给人们留下最深刻的印象是，这些媒体是位于新闻信息传播过程的顶端，并且拥有对信息使用与过滤的作用，常常会特别注重传播媒介本身的想法和建议，对于个人的意见得到表达的可能性几乎是没有的，即使是有个人的看法也只能被埋没在潮流里。新媒体所带来的新的传播模式，给传统大众媒介的传播格局带来强大的冲击，接收新闻信息的方式以及媒体的种类越来越多样化了，这样就使得接收者有了更多的机会参与到信息的制造、传播以及反馈当中去。新媒体的出现就改变了传统媒体的信息垄断的地位，信息的内容不再是由媒体决定，并且不再是特定的传播者进行信息传播活动，传播的信息内容变得丰富多样，受众所发布的新闻信息在大众传播媒介中的比重明显增加，这些受众所传播的新闻信息对社会影响也在不断增加，这些现象说明话语权不再是仅仅掌握在媒介组织的手里，而是遍布到每一个人，每一个受众都可以是传播者。

在新媒体时代，人们对信息的需求使得信息的传播变得越来越重要了。并且信息的传播也已经不是告知这么简单了，而是需要在最短的时间内让接收者获得最有效的新闻信息。新媒体时代的快速发展，尤其是互联网的快速发展，使传统大众传播媒介活动中传播主体与接收主体之间的关系发生了根本性的变化。传统媒体中传收模式是固定不变的，把关人拥有牢牢的把握住信息顶端的优势，但对于新媒体来讲，它使得每个人都可以成为新闻信息的传播者，这也就表明权力中心的分散，每个人都可以是新闻信息的传播者，每个人也都可以是新闻信息的把关人。在传统大众传播媒介中，把关人是非常职业化和专业化的，是比较单一的，他们在考虑自身的媒介利益和价值向导的同时，对新闻信息进行把关和筛选。但是在新媒体时代的传播模式中，把关环节也非常重要，新闻传播活动过程中的每个环节都需要进行把关。因此在这个新旧媒体不断融合的时代需要新的“把关人”。

新媒体的出现就标志着产生了新的传播方式，这样对传统媒体产生了很大的影响。但是新媒体的诞生并不代表传统媒体将走向消亡，传统媒体要求得生存发展，就要不断地对其原有的传播模式进行改革和创新，而这种改革和创新的力量就是进行各种媒体的融合。因此，在这个竞争激烈的融合过程中，新媒体的把关作用也越来越市场化了，由于大众媒介受到市场化标准的影响，受众的兴趣和需要已经开始受到新的传播模式下的把关人的重视，把关人需要独具匠心的慧眼，在选择新闻信息的时候必须兼顾新闻价值和受众的需要。

（二）把关人角色转换

新媒体时代的“把关人”的把关难度日益增加，尤其是网络媒体的诞生引起了传统媒体中把关人的角色发生了重大的变化。在传统的传播活动中，媒介组织决定新闻信息的内容并且由特定的传播者进行传播活动。传播者可以全权决定给受众发送什么新闻信息、发多少新闻信息以及突出什么新闻信息。因此，传媒的工作者是处在绝对的把关人的位置，而受众则是无权在这些传统媒体上发布自己的信息的。但是到了新媒体时代，受众可以通过互联网发布自己的信息，因此，几乎每一个用户都是一个把关人，互联网的到来将把关人的角色普遍化了。

当前，关于在新媒体网络传播时代里把关人的角色已经不再像从前那么的重要的观点有很多。把关人该如何看待自己的角色转变呢？其实在网络传播逐渐成为主流传播的这个时代里，从某种意义上讲，传媒工作者的把关作用在不断强化而且还变得更加明显了。这是因为在新媒体时代，受众通过互联网接收到的信息比较庞杂，受众也没有太多的精力以及专业的能力去鉴别信息是否有用以及是否真实。在互联网飞速发展的今天，受众学会了在网上获取自己想了解的新闻信息，并且通过互联网实现了很好的互动。2008 年 6 月，国家领导通过人民网的“强国论坛”平台，与全国网友通过视频直播在互联网上进行了互动交流，标志着国家领导人可以直接与受众进行交流与互动的开始。互联网面向大众开放，人们在交流的过程中形成了丰富的信息，在这些数以万计的信息里，网民的立场不一致，认识的能力也是参差不齐，网络上虚假信息和非理性的言论常常是导致错误舆论产生的原因。正是如此，网络上的海量新闻信息就需要传播者对传播的信息做更多的把关工作。一般来说，为了获得更多的市场利益，所有的媒体网站都会通过提高自身网站发布的新闻信息质量和加强网站的权威性来维护自己的公共形象。从一点上来看，所有网站也加大了对自己网站的信息内容的把关和筛选的力度。在这样严密的媒体把关的过程中，受众要想摆脱这些媒体的把关显然是不可能的，并且受众在获得新闻信息的活动中，很容易受到把关人的控制，而且这个信息量随着信息的内容增加而增加。

总之，尽管现在有不少人认为在新媒体时代互联网的传播活动中，受众可以想绕开各种障碍利用网络强大的搜索引擎来寻找自己想要的信息，

“把关人”的作用不再那么明显。但是随着互联网的快速发展，网络上传递的新闻信息量也在不断增加，这样只会加大媒体把关的力度，增强把关角色的作用，对受众的控制会越来越多。

第四节　对新闻传播主体变迁的思考与启示

一、对新闻传播主体变迁的思考

是否每个公民都可以成为记者？这在这个互联网为主流媒体的时代是否能够成为现实，是一个值得思考的问题。一般而言，公民是指拥有政治共同体身份的成员，它在法律和政治上具有独立的人格和主体地位。我们每天都在接收大量的外界信息，这样我们就享受着信息带来的便利。在传统媒体传播的时代，新闻信息作为商品是需要受众花钱购买所需要的信息，但到了新媒体时代，我们享受着互联网的免费信息，在这些信息当中有专业媒体提供的信息，也有受众自己提供的信息。受众不能总处在新闻信息的接收端，受众应该在享受信息的同时将有用的信息分享给其他人。如果每个受众都只会享受新闻信息并不去分享信息，那么信息共享的理想状态是很难达到的，所以新媒体时代分享信息对于受众也是一项义务。你认为的微不足道的信息也许会给他人提供巨大的帮助，虽然我们不能做到每个受众都能成为记者，但至少每个人都可以参与到信息共享的活动中去。

新媒体时代受众慢慢地在向传播主体变迁，并且他们中的一部分已经参与到了新闻报道的活动中，他们也许是对互联网中新生事物感兴趣，也可能是偶尔为之的。在现实生活中还是有不少人没有共享信息的概念，遇到有效的新闻信息也会选择沉默。还有不可逾越的信息鸿沟也阻碍着每个人成为记者。随着新媒体的快速发展，信息鸿沟不断扩大也是一个不争的事实了。具体来说，就是只有掌握新媒体技术尤其是互联网技术才能参与到新闻传播活动中，这样没有使用互联网能力的人就被排除在外了。处在信息顶端、对信息较强的占有者的意见领袖因掌握了互联网技术并且享有更多的信息资源，大部分的新闻信息都是由他们发布传播的。在这个过程，他们无形中就与普通人拉开了距离，使信息共享成为拥有传播工具的人所掌握。

新媒体时代，普通大众开始转变为新闻传播主体，由于普通大众的人员素质参差不齐，并不具有传统专业记者的职业素养，对于事件不能全面地展现事实，但是普通大众又可以分布在社会的每个角落里，一旦媒体发布与事实不符的新闻，就会被了解新闻事实的受众纠正。随着媒介技术的快速发展，以及受众对媒体不满以及不信任的因素，都加快了新闻传播主体变化的速度，受众也越来越渴望分享自己的想法并且参与到新闻传播活动之中。互联网上的信息有着广泛的公开程度，读者与记者能同时看到信息，并且可以对信息的不足做有效及时的补充，较专业媒体而言，更容易做到真实、公平、公正、正确的报道。在一些公共事件的讨论中，那些看着杂乱无章的意见或者信息恰恰更容易实现对真相的探究。受众成为新闻传播主体之所以会离真相更近，是由于宏观管理型能够超越个体微观理性的原因，这样在报道的过程中就难免会出现少量的虚假信息，当然这些虚假信息对于整个信息发展来说是微乎其微的，一些少量的非理性的信息不足以影响整个事件的发展。作为事件的知情者和经历者的大众，他们有着与专业记者不同的视角，他们能以亲身的经历来描述事件的真实面目，这也正是新闻专业从始至终强调的新闻客观性。也许当事人分享的事实偏离了真相，但是无数的第一手资料就完全可能组合成事实的全貌。

专业媒体认为个人作为独立的主体发布新闻，并且是唯一的把关人，发布的新闻依据个人的喜好和兴趣，带有非常强的个人倾向。对于传统的传播媒体来说，新闻信息是一种商品，读者就是他们的衣食父母，所以必须满足大众的需求才能生存。专业的记者只能是新闻媒介中的一员，记者所报道的事实要符合媒介的利益和方针，所以就弱化了选题时个人的倾向，以媒介素养为根本的习作也弱化了个人倾向，还得通过编辑的把关才能发表，这个过程就是在不断弱化记者的个人倾向性。"新闻专业主义"一直是媒体新闻界追求的目标，是对全体媒体人员的职业道德约束。

当然这是理想的新闻状态，记者因时间和空间的阻碍上而不能完全地表达出原生态的新闻。互联网的出现，使得新闻传播主体发生了巨大的变化，这样普通大众分享的信息，无需任何加工就可成为新闻，而且不需要传统媒介渠道直接通过互联网即可发布。

二、新闻传播主体变迁给我们带来的启示

（一）受众的个人媒介素养还有待提高

从目前我国新媒体发展的状态来看，大众在网络上的新闻评论还停留在简短的观点上，各大论坛上的话题也是繁杂多样，具有新闻性质的信息并不是处于常态的新闻，微博的出现也将博客冲击得日益衰落了，微博目前成了大众发布新闻最常用的平台，但是微博以有字数限制的简短的消息为主。虽然传播主体的变迁并没有从根本上改变新闻传播的格局，但是这种人人都能参与新闻传播活动的新理念的诞生，使普通大众的行动能力增强了，也在潜移默化地改变着大众的媒介素养。受众参与的新闻传播的过程就是培育媒介素养的过程，发挥了受众传播的潜在力量，使在传统媒体时代里弱势群体的声音得以呈现，这样就加快了对受众的身份认同感，并且能够共享对话。在互联网给我们构建的平台上，每个人都能以传播信息

的方式表达对我们周围环境的认知，即使我们普通大众的传播行为会被个人的认知误差和技术壁垒限制。从个人层面而论，受众个体参与到新闻传播活动当中，利用有效的新闻传播媒介发起、参与、讨论公共事件，并且最终影响到公共生活。这种意识的转化表明了互联网为受众提供的平台不仅仅是简单的公共话语空间，也是现实生活在网络的延伸。这样就使新的传播媒体与参与者有了实际的联系，使参与其中的受众能够看到他们的行动确实在改变周围生活环境的实际状况。当风险到来的时候，由于受到意识形态和商业规模限制的大众媒体并不能很好地触及事实的全貌，这样受众就可作为补充的力量在传统的新闻媒体无法触及的地方对外进行传播活动，这就增强了公众的参与意识。

（二）对网络的管理还需加强

最近几年我国越来越多的大众开始参与到互联网中表达对公共事件的意见和看法，还促进解决了一些大事件，但是我国大众参与的新闻传播活动仍处在不稳定的、个人化的非体系状态，主要表现在全社会的情感表达以及有些互相言语攻击的网络暴力，同时还有些虚假的和低俗化的信息，这些都在影响新闻传播主体的变迁。新闻传播主体平民化是新闻信息多元化的基础，对构建一个健康有序的传播环境极其重要，因此鼓励受众参与到新闻传播活动之中，因受众能够触及大众传媒无法触及的事件的各个角落，这是新闻传播主体变迁的最为理想的目标之一。

在我国，受众的新闻传播活动不断冲破国家控制的界限，试图通过打擦边球的方式来分享信息和意见。在新媒体时代里，民间崛起的话语力量打破了原有的社会知识格局，受众从个人化倾向的言语表达开始向意识转变，是新闻传播主体变迁的关键所在。

受众的权利和义务意识在这个变迁过程中得到了巩固和发展。但是互联网中的言论公共空间如果没有制度上的保证就难免会被政治和资本所利用。

新媒体时代的到来，改变的不仅仅是新闻媒介领域的变革，在这场变革之中难免会遇到社会各种力量的阻碍和交锋。新闻传播主体的变迁过程除了受新媒体技术的影响，还将受到社会大众媒介的参与度、受众的意识及与社会的互动程度的影响。尽管并不是所有人都能参与到这场变革之中，但回顾历史，我们不难看到大众发挥自身的主观能动性不断改变着社会的例子。

新媒介的出现必然打破由新闻传播者单独把持新闻信息传播的局面，新闻传播主体与接收主体必然会呈现出角色互换的趋势。由于新媒体具有非常强大的包容能力，所以它能被传统职业化的新闻传播者所利用，成为这些职业的新闻传播者，在新媒体时代延续他们新闻传播主体角色的新媒介。由于互联网所具有的独特的传播拓扑结构和互动功能，以及新媒体时代的到来打破了传统新闻传播的各种现实障碍，普通个人和一些非专业化的机构也可以拥有新闻传播的能力。所以，只要在传统媒介里的接收者愿意，都可以面向世界传播新闻信息，成为新媒体时代里的新闻传播主体。

第四章　新媒体时代电视新闻节目内容生产与融合传播研究

第一节　电视新闻节目形态变迁与生产模式的演变

一、新技术对电视新闻的特性的影响

（一）电视新闻的生产特性

电视新闻的生产特性是指新闻产生应有的社会效果的时间限度，具有传播迅速、形象生动、利用图声字三大要素传播。在新闻传播时效上，电视作为现代化的新闻传播媒介，具有得天独厚的条件，对于重大事件，新闻可以通过电视进行第一时间的最新报道，即一旦事件发生，以最快速度把它传播出去。新闻的整个生产过程涉及思路、策划和组合等多方面大量的工作。如果没有这一过程，电视新闻的生产将无从谈起。在电视新闻节目的生产环节，从传统的编辑室编辑模式逐渐向机械化的生产流程转变。

相比传统的新闻生产流程，数据新闻的生产要求编辑和记者拥有挖掘数据、发现线索和处理数据的能力，在新闻工作流程中融入代码编写、程序开发等工作，促进技术部门和内容部门之间的沟通和合作。在新技术革命时代，新技术的加持对新闻生产过程从策、采、分、发四个生产环节起到了简化流程的作用，避免了重复低效的人类劳动，新闻采集的程度更深入，新闻素材更接近真实性。因为新闻的生产主体是人，有人的参与，就很难避免新闻的主观性，它不光是记录事件，新闻看法和观点往往左右着观众的判断，新闻对舆论的引导作用由此体现。在这个生产过程当中，对新闻价值和真实性的把控和新闻工作人员的使命感息息相关。在新闻生产过程中把握新闻的生产特性，利用先进的技术最大限度地保证新闻的客观性有着至关重要的意义。

（二）电视新闻的社会价值特性

构成新闻价值的要素总结为：重要性、时新性、权威性、客观性、显著性、针对性、服务性、娱乐性等。新闻是一种再生产加工消息并且再分发的人类信息活动，是人们主动地对事实进行的再现和传播，是人类社会特有信息传播活动，具有很强的社会属性。新闻价值的核心就是指新闻中所蕴含的社会价值。社会价值是新闻价值的决定因素，新闻的社会性决定了新闻的价值。因此，新闻在传播过程中所包含的信息能够直接满足受众心理的特性，则可以认为是新闻的使用价值，是包含社会价值特性的。新闻事件与人有了利益上的关联，使之具有了社会价值，在被广泛地传播之后就会成为新闻的价值。假新闻的产生也从侧面说明了新闻的社会价值特性，即包含了新闻的要素，具备传播的特性，所谓存在就是合理的，它必定从一定程度上满足受众的心理需求。新媒体技术的加持使得一些夺人眼球的新闻产品成为市场的宠儿。

二、电视新闻节目形态变迁

（一）电视新闻节目形态演进

电视新闻节目的节目形态的演进一定程度上得到了技术发展的促进，随着电子新闻采集设备ENG（电子新闻采集）的普及，电视新闻声画合一的愿景成为现实。1978年的中央电视台《新闻联播》以播音员口播+记者现场采访结合的视听兼具、现场感强烈的节目形式，真实地还原了在不同空间发生着的新闻事件；20世纪90年代后，《焦点访谈》《新闻调查》开播，电视新闻评论节目的深入报道形态开始引入；1993年，我国借鉴和模仿哥伦比亚公司的新闻类谈话节目《60分钟》，对其进行了本土化改造，开播了新闻时事评论节目《东方时空》，第一次实现了由主持人出镜+嘉宾深度访谈的节目形式，这个时期互联网的普及使得电视节目与受众互动的单向传播模式有了改变，观众通过电话留言的方式参与讨论，各种观点针锋相对，大大地提升了新闻评论节目的客观性；到后来1997年的新闻直播技术运用，在电视新闻报道中，运用实况转播的方式，实时呈现新闻事件，新闻报道得以更直观、客观的呈现。在21世纪初期，移动媒体进入了飞速发展期，手机短信平台、微博微信平台的出现，使得电视新闻节目的发展又迈向了新的台阶。如央视手机移动客户端《央视新闻》App，增加了电视新闻的直播、回放、网民互动讨论、短视频新闻等板块，拓宽了电视新闻的传播渠道；2019年的两会全国报道，5G技术的投入使用，高科技新闻产品的涌现使得重大事件新闻报道形成多元化，多平台报道的发展态势，全国电视台、报刊、网站、移动媒体等组成融媒体矩阵。全程媒体、全息媒体、全员媒体、全效媒体的出现，信息无处不在、无所不及、无人不用，导致舆论生态、媒体格局、传播方式发生深刻变化，电视新闻舆论工作面临新的挑战。

（二）新媒介技术引发的电视新闻节目形态变革

广播电视新闻生产在新媒介技术的刺激下，通过自身努力突破发展瓶颈，着力打造优质内容生产，促进电视新闻节目形态由单一向多元，单维到多维，由体制僵化走向新的融合发展，是深度挖掘用户思维在创新发展中的具体体现，是力求找到融合的黄金分界点的必然结果。由于一些电视行业内出现的电视台倒闭、惨淡维持等相关报道，受众普遍认为电视产业在世界范围内的发展日趋出现颓势。在如今的新兴媒介技术的支持下，电视产业不会像广播报纸等产业一样逐渐退出历史的舞台。在现如今传媒如此发达的时代，随着网络新媒体的出现，很多智能终端虽然方便携带、读取便捷，但是也有碎片化、思维断层、信息过度冗余、监管无法抵达的弊端。而电视的持续性报道、优质化内容筛选、层层部门监管审核、稳定的播出时间段、引导受众的深入思考的媒体导向性却是其他媒体所不可替代的。相信未来电视的发展趋势会与新技术手段相结合，向新的方向推陈出新。广播电视新闻节目结合新媒体技术的融入新的传播形式，参与立体互动与媒介融合的模式，拓展了广播电视的传播渠道。为适应新媒体受众信息消费习惯和消费行为的变化，以“内容为王”、以“用户思维为核心”的新闻生产理念，结合新媒体平台和新媒介技术发展电视新闻节目的新的形态。在与新媒介技术的创新融合的过程中，新技术对新闻生产的改造在节目形态变革中起推动作用。新媒体的交互性激发了用户主动参与的热情，新闻的交互模式从单一传播走向社区群体式的交互，新型的电视新闻节目形态从根本上改变了受众的信息消费习惯和消费行为。“两微一端”“大屏结合小屏”的全方位参与式互动，不仅给予节目更大的互动空间，而且将许多新媒体用户聚拢到广播电视新闻节目中。央视四套的融媒体新闻评论节目《中国舆论场》和新闻资讯服务类节目《生活圈》，运用大数据技术分析热点舆情，跨媒体社交平台热点深度讨论，现场嘉宾与观众线上互动，加入综艺元素的红包摇一摇等游戏互动环节，打破了传统电视新闻的单一传播、互动性不强的模式，使得传统电视新闻节目形式发生变革。

第二节　电视新闻生产的多方位变革

一、重构智能化新闻生产理念

（一）新闻主体多元化转变

1. 传统主体与新兴主体竞合

新闻传播主体是指生产新闻与传播新闻的主体。新闻流程的第一个环节是新闻主体，传统的新闻主体是新闻记者、编辑等新闻工作人员。它的主要特点是拥有新闻专业背景，在新闻机构工作，他们的行为受到新闻行业标准的衡量和制约。新闻主体深刻影响新闻传播过程及其他要素，而现阶段的新闻主体却被多主体重构：UGC（用户生成内容），即用户生成内容，由用户创作的文字、图片、音频、视频等以多种形式在网络上发表的内容，在以用户为主导的 Web2.0 时代，针对网络资源进行整合与创作的模式。UGC 在经历了各种社区交互平台多种形式的演进，在新媒介技术的发展时代，更加强调以用户参与内容生产为主要的信息来源。UGC 生成内容的兴起，对传统新闻专业生成模式带来了冲击与挑战。在新闻生产中新闻主体发生了角色的分化，用户和媒体平台成了新闻生产的主体，新闻主体可以不是专业化或者职业化的也可以参与新闻的生产。新兴主体由大规模非新闻专业人士参与新闻生产的局面所重新定义，是 UGC 推动了新兴主体生成。

改变“传统范式”的新闻传播主体，区别于传统新闻的专业性最强的记者或者专业新闻人作为新闻主体。在传统媒体的权威发布范式长期影响的历程中，PGC 代表了专业和职业化的新闻生产，在新闻机构和新闻准则的约束下，传统电视新闻模式继承了固定的格式，产生无数高质量的新闻作品。PGC 依旧是贡献出普利策新闻奖的获奖作品的重要力量，为世界供给大量较高品质的新闻作品，这也是传统媒体依然存活并将一直存活下去的原因。但在新媒介技术的发展推动下，不断有媒体平台的用户内容生产挑战专业化新闻生产，用户生产内容往往题材新颖、接地气、娱乐性强，在形式上和表达上优于传统媒体生产内容，并且依托于社交媒体而传播，有深厚的群众基础。由于体制机制的制约，电视新闻在发展的趋势上呈现颓势和疲态。

2. 人机协作带来新闻生产嬗变

新媒介技术的更新迭代为传统媒体发展赋能，技术在新闻生成的各个环节逐渐渗透，新闻主体的多元化与客体之间的生产关系双向解构、重建，实现传统电视新闻节目内容生产从单一发布到集群式发布。新闻生产中生产力与生产关系重新建立，生产主体与客体之间不断地发生解构和重建，生产者与加工者的受传关系也发生变革。新媒介技术的出现扩大了新闻主体的范围，新闻生产由过去单纯依靠专业新闻从业者生产内容（PGC），到现在既增添了用户生产内容（UGC），又将补充进新的由算法生产的内容（AGC）。生产主体的主客体互动性重构，在互联网的助推下，唯一不变的就是都是以人为生产的主体。CNNIC 数据显示，2020 年 Q3 新闻资讯移动端月独立设备数 8.6 亿台，PC 端覆盖人数 3.3 亿人，互联网为当下新闻资讯传播的主要渠道，App 是其中的核心端口。新闻编辑已经可以从繁杂的信息流当中解放出来，成为智能媒体的管理者，机器新闻的润色者和监督把关人。人机协作达到了空前的和谐，计算机算法的沿用打破了新闻主体是人的铁律，解放了烦琐、重复机械的人类劳动，算法从某种意义上成为另一个新闻主体。虽然现在只是部分替代，但是人机协作模式很有希望会成为自动化新闻生产的主力军。

（二）新闻生产流程的精简化

新媒体新闻不同于普通新闻之处在于，除了一般视频新闻外衣，还拥有交互式的信息传播方式。交互方式包括自动文本、可视化数据、智能化语音等。新媒体可以被视为新技术的产物，数字化、多媒体、网络等最新技术均是新媒体出现的必备条件。将人从烦琐的新闻信息整理加工的工作中解放出来，只做机器不可替代的工作，如媒介管理、情感加工、质量把关等工作，精简了新闻生产流程，有效地提高了生产效率。2020 年，搜狗联合新华社，基于自身人工智能核心技术“搜狗分身”，打造了全球首个 3D AI 合成主播“新小微”，拉开 3D AI 合成主播序幕。未来，会有越来越多的 AI 系统出现，减去媒体工作者的工作重担，也有可能替代某一工作职位，传媒行业将全面智能化。除此之外，新媒介技术在新闻监测上也有大的作为。国外有案例显示，机器判断可以迅速地判断新闻线索中信息的真伪，并锁定可疑信息源。算法融入新闻生产，助力新闻真实性的保障，算法新闻的诞生推进了新闻生产的自动化、智能化、自检化的趋势。智媒的媒体形态和认知能力搭载技术的顺风车，成为新闻生产变革的强力推手。

二、新技术开拓新闻采集多维度空间

（一）传感器采集抵达新闻前线

2012 年，哥伦比亚大学在研究数据新闻的过程中偶然发现“传感器新闻”这一概念，传感器的工作原理是指用收集或生产的数据来完成资料整合，配合数据分析加工进而针对数据部分进行可视化处理。从资料当中提取整合为新闻报道，智能传感器机器人参与新闻生产，无人机、生物传感器可以抵达人类无法触及或危险的区域采集新闻，比如高空俯视拍摄、天气报道；另一部分如机械臂传感器、监控机器人等可代替人类从事烦琐机械的新闻采集，使报道以多种形式呈现。各大媒体机构都开始重视传感器在收集数据方面的重要作用。传感器多应用于调查性新闻报道，充分开拓了新闻采集的维度，新闻报道图景被进一步拓展。传感器并没有像它的名字一样难理解，与智能手机一样，使用门槛亲近民众，使公众获取新闻、表达言论的途径更为丰富，参与互动新闻的制作和传播。智能传感器作为智能采集者，主要有三种应用方式：

（1）自主采集数据。

（2）采用新闻众包的方式，由用户收集数据参与采集。

（3）官方传感器参与大型城市布局，建构新闻采集体系。

在美国发起的“众包传感器项目”利用开放数据的新闻生产模式，给用户配备传感器装置，利用采集到的用户数据，将新闻的各个生产环节变成了用户参与的大型互动社区游戏，以此测试传感器新闻采集数据是否高效便利。传感器采集的实践应用广泛，美国犹他州政府设定了网络化的传感器，并将传感器根据地图分布安插分置点，设置时间间隔捕捉采集数据，从而进行宏观的新闻报道。2018 年我国新华网研制的第一代生物传感智能机器人 Star 在“首届‘智能 +’传媒超脑论坛”亮相，它是我国自主研发的智能传感器“法医”，它利用生物传感器采集，实时采集实验者数据，完成交互性分析报道。2019 年，上海举办了世界人工智能大会，会议集聚了全球人工智能领域最具影响力的科学家和企业家以及相关政府的领导人，围绕人工智能领域的技术前沿、产业趋势和热点问题发表演讲和进行高端对话，开启人类对于人工智能发展的新一轮探索。“智能+”首次出现在中国的政府工作报告中，要求坚持创新引领发展，培育壮大新动能。人工智能在金融、教育、工业、安防、医疗等众多领域扮演着越来越重要的角色。2020年，5G技术发展进一步深入，5G技术的高性能传输通信能力将为人工智能更高速率的应用提供可能性。高端制造、无人驾驶、智慧医疗等领域将伴随5G与人工智能的紧密结合衍生出更丰富的应用场景。

（二）智能数据手采集未来新闻

2016新浪未来媒体峰会提出，真实的新闻行业是收集数据、创建数据、分发数据，最后进行数据变现的，而大数据才是传媒行业的本质。大数据带给新闻业的是获取数据的渠道，新闻报道的基础是大规模地共享开放数据。

“DT财经”是《第一财经日报》推出的一款数据分析可视化的终端系统，将海量的大数据转化成为拥有情报格局的思维导图、数据侠、数据洞察、数据报告、数据可视化等实用板块。我国大型新闻门户网站三巨头腾讯、网易、搜狐也设立了数据新闻频道。大数据技术是从海量信息中抓取新闻线索，新闻生产主体核查线索，对数据进行分析、整合、润色、监管，并进入下一步生产环节。许多商业和金融专业精英人士对“彭博NEXT”爱不释手，这款彭博公司推出的信息服务终端整合了强大的数据、新闻资讯和分析工具，为客户提供了迅速、便捷、有深度的数据信息服务。我国最早的数据新闻播报是在2014年“两会”期间，央视与数据公司合作，利用百度、腾讯的大数据分析平台开展两会的数据报道任务。《两会解码——两会大数据》是每天安排在《新闻联播》中的短视频专题栏目，由主持人用数据说话，详细解读当天的热门话题。利用全新的立体成像技术和人机互动技术的演播室技术，播报大数据对“两会”热点问题的分析。我国最知名的媒体对大数据的应用和挖掘，说明央视对用户行为的分析和对注意力市场的深耕正在深入，体现了中国巨型互联网公司的大数据实力。在此领域进行过深度研究的中国人民大学新闻学院的专家学者喻国明提出："我国成立初期的精确新闻报道是经过田野调查、民意测验问卷等大费人力物力的方式艰难调查取得的成果，可是它的及时性和数据的全面性表现是不够的，而大数据的算法功能的强大，与传统的精确新闻报道相比，是一个跨越式的变革。算法就是大数据的生命，这门技术将给我国的大数据新闻带来更多的红利，就其便捷性、及时性、全面性等特点，大数据作新闻报道或将成为未来媒体特别是电视媒体报道传播的一大主流趋势和路径。

2020 年 8 月，国家广电智库微信公众平台发布的《智能技术在新闻领域的五大应用》中指出，电子信息时代，数据的爆炸式增长带来信息冗余和超载，利用人工智能技术处理海量数据成为解放人力的必要手段。人工智能处理海量数据需要经历数据分组、关键信息定位和匹配、数据特征提取及数据处理等过程。将人工智能有效处理数据这一特性运用到媒体领域，可实现热点实时追踪和新闻线索搜集，为新闻从业者的选题方向和趋势把握提供数据支撑。

第三节　新媒介技术支持下的电视新闻节目的融合传播策略

一、新技术优化电视新闻报道，拓展新闻传播力

电视新闻的传播方式随着时代需求的改变而改变，跳出传统电视终端

的接收桎梏，打开多媒介合作的传播路径，用技术的支持顺应生产流程中策划、生产、分发的变革，以适应时代发展的浪潮。无论技术如何变迁，媒体必须成为“社会环境的瞭望者”，能接受时代的担当和使命，坚守内容生产的主流化，要求快速传达新闻的内容，产生相应的新闻效果，政策下达、突发事件的应急报道都需要大力发展新闻的传播力，并预防媒体缺位、失声。利用新技术大数据监测、信息整合、即时辟谣等举措发力。通过对电视新闻节目议程、叙事机制与传播模式的设置，引导电视新闻节目向移动化、智能化和沉浸化发展，注重用户与媒体之间的双向交流，构建“新闻内容即产品”的内容生产理念，进而增强电视新闻节目的传播力。

（一）云端优化生产流程，打造强势传播力

2020年新冠肺炎疫情更加速了用户对新闻接收方式的改变。在互联网平台各种直播悄然崛起的当下，电视新闻行业在不断调整，努力做到顺势而为、积极创新、发展融合。此时“云录制”“云监工”“慢新闻”等新兴高科技媒介技术手段，在新冠肺炎疫情期间得到了广泛应用，并且根据市场需求迅速找准新闻生产的主场位置。新冠肺炎疫情期间，网友追捧点赞的武汉火神山、雷神山医院的在线建设，通过5G直播开启了慢直播的先河。上千万网友化身“云监工”，针对疫情期间居家隔离的特点，打造线上社交，一起见证伟大祖国的伟大奇迹，这类新闻产品正好满足了在家隔离无事可做的用户的心理，也通过这样的新情境催生新闻产品。类似这种工程建设的直播方式，在央视新闻抖音直播号也有进一步的发展，除了对电视新闻报道当中的热点内容进行搬运和网络化解构，还进行网络流行的直播模式：支起一台摄像机，在用户目力所及的位置，长时间地开启远程直播，无主播播报、无剪辑的新闻呈现方式，为用户展示逐渐恢复生产的武汉城市，类似长镜头纪录片的模式，真实客观再现新闻现场。

（二）大小屏协同赋能，电视新闻用户回流

借助“大屏小屏的互融共通”提升新闻扩散能力，帮助电视新闻打破了跨越空间传输的桎梏，让用户在电视屏幕和手机屏幕之间随意切换，随时随地参与新闻、讨论新闻。

2018 年是短视频发展的风口期，小屏幕的短视频在短短几年内迅速爆发，符合当下人的碎片化、不受地域限制等的获取信息的习惯，其具备的媒介属性很有潜在的发展空间。主流媒体看到了这个契机，但是在与新媒体平台融合的过程中，由于体制机制架构、经营模式、舆论导向、传播的传收方式等方面不同，造成融合中出现种种不适应现象，还有待度过更漫长的磨合期。网络媒体往往带有强烈的娱乐因素，与传统媒体带来正规信息的政论类报道相比，两者之间有太多的不同。传统媒体难以满足社交平台用户的互动性需求，制约了媒介融合时代主流媒体网络传播力的提升。主流媒体对融合传播的方式进行不断尝试和努力。央视新闻在与移动新媒体客户端的抖音携手发展，在抖音平台上设置官方抖音号，建号以来深受用户的追捧，其走红的原因就是其借“大屏小屏互融共通”的传播理念来践行融合发展之路。

2019 年两会报道中，高科技新闻产品的涌现极大程度上利用了手机小屏和电视新闻大屏的结合报道方式，其中微信小程序、智能穿戴设备都是利用手机端进行实现的，结合两会新闻的电视直播、网络直播，使得两会报道的新闻传播范围和传播效果得到极大发挥。

（三）主流切分短资讯，跨媒介即时传播

电视新闻中的事件报道经过视频剪辑切分为短视频模式，在短视频平台上不断更新，用以吸引短视频用户，再次利用用户对事件的后续报道的

关注，从而关注电视新闻的深度报道。《新闻联播》抖音号内容以《主播说联播》为主，其在体裁上选择了短评论的形式，每期视频的时长不超过一分钟，制作简单又态度鲜明，偏向用户思维习惯的深挖，又保证“日更”的持续性以培养用户黏性，养成用户点开抖音央视新闻账号的习惯。在话题的选择上，《央视新闻》抖音号借助抖音这个用户集群社区化的新媒体平台，针对热点话题，传播政论、及时辟谣、事件碎片化网络化解构表述，对在《新闻联播》里播出过的新近报道内容进行网络化语态的重新解构，网络内容主要是针对网生代的新闻接收习惯而生产。其他的短视频平台也在做这方面的努力，如在科普疫情防控阶段，抖音等短视频平台播放的《钟南山示范如何摘口罩》《李兰娟提倡没毛病不要乱吃药》等获得超高的点击量，此类短视频主要用快播快闪、30 秒播出时长的抖音语言进行新样态的呈现。新冠肺炎疫情期间，矩阵式组合报道、新闻短视频联播报道、短视频结合数据新闻的热点推送、用抖音网生代语言，重新解构又融合组建了新的新闻传播报道形式，电视端到移动端，网络化呈现电视报道新样态，减少了新闻传播的时空限制，加强了报道的时效性和传播力的延伸。

二、技术革命浪潮中的多元化新闻主体格局重构

（一）区分新闻生产主体，重塑新闻媒体角色

新闻媒体机构的增加、UGC 的兴起，以至于现在各大媒体的智能新闻生产主体都发生了变化，新闻生产主体根据职能和作用分为三类：有传感器新闻、AI（人工智能）虚拟主播、智能写作机器人。主流媒体依然是新闻记者编辑的新闻生产者的身份，但是在媒体近几年的进化和矩阵融合生态下，所担当的职能范围产生了一些变化，比如新闻生产者的职能已经不再是简单的新闻事件的整理、撰稿、分发，而是为大数据自动生产新闻的

智能稿件进行润色和政策、价值观的把控，从生产者向组织者的方向在慢慢转变，他们冗余出了更多的时间思考在组织机构内如何部署人工智能去准确地报道新闻才能使新闻更快地抵达用户。各种社交移动媒体的兴起，很多人获取新闻的方式已经从传统主流媒体如广播、电视、报纸转向社交媒体社区，例如今日头条、微信和抖音等社交类资讯发布平台，内容也更个人化、交互化。用户成为社交社区的各种新闻资讯的生产者和接收者，一些新的公民新闻形势慢慢形成，如：众包新闻、众筹新闻等，媒体主角的转换在新闻生产的融合传播策略当中起到了责任主体和传播新闻观、价值观的重要的担当者的形象。如何应用好新媒介技术生产优质的新闻内容，并且使资讯在第一时间抵达目标用户，争取更多的流量是融合传播当中最需要思考的问题。

新闻主体与其他媒体平台在融合中，时刻需要进行自我审视，把新闻内容生产品质和传播力效果的提升放在首位，理智回归技术，坚守该坚守的阵地，对新闻真实性和客观性要无条件地放在利益之前。媒体之间共生共荣，是彼此促进的重要生存理念。

（二）把握舆论使命担当，培育高素养的新闻人

1. 优秀的电视新闻节目领头人培养

网络平台的新闻节目在内容形式上也值得传统电视新闻节目借鉴和学习。在腾讯视频有一档时政类的评论节目《这就是中国》，节目嘉宾是复旦大学中国研究院的张维为教授，作为节目的嘉宾，以简洁、快速的开场，采用了颇具中国特色的主流声音配合专业脱口秀的新型模式。张维为教授用自己的政治观点和热辣点评，召唤有活力、有梦想的年轻一代，现场自由讨论，开启一言不合就触发的辩论会模式。以中国故事开头，清楚地传达中国理论、中国道路、中国文化的先进新闻理念，弘扬文化自信。我们

需要更多像张维为教授一样的嘉宾来为主流媒体的新闻内容生产严格把关。节目通过语态创新，直接和年轻人对话，这样的节目形式也是非常值得主流媒体的新闻类评论节目学习和借鉴的。

2. 媒体记者的数据分析素养

丁香园的疫情地图在全国最为紧要的时刻，及时上线，反映了专业领域的中国媒体人的媒介利用能力和高度的数据敏锐度，及时、快速地认识到他们所接触的数据中的核心价值点，善于利用数据来源和数据分析挖掘新闻线索。对于数据的利用，要以综合审慎的态度理解和应用大数据，分析其合理的成分，反思其中存在的问题。

（三）“技术狂热”冷处理，重构新闻专业主义

近年来，在传统媒体拥有绝对话语权的时代，新闻的传播渠道单一，反而能更专注新闻的传达，没有商业利益的驱使，带有诱惑性、广告心智的新闻很少见。而媒体发展的程度越深，假新闻、反转新闻、带有强烈新闻偏见的新闻反而层出不穷，运用多种方式进入公众视野。可见，对新媒介技术的过度追求，导致了一些负效应。专业媒体在利益的驱动下，往往会与资本方合作，对新闻进行暗箱操作，“帮助”投资者所发布的新闻置顶或者“买热搜”“发布不实广告”。在新媒体时代，反而更应该大声呼吁新闻专业主义的权威，提高新闻发布在舆论引导上的专业性。

第五章 大数据与新闻的生产与发展研究

第一节 大数据时代数据新闻的生产与发展

一、什么是数据新闻学

数据新闻学也可以被认为是数据驱动的新闻学，是计算传播学的一个具体应用。数据背后的关联和模式的研究与展示，以及丰富的、具有互动性的可视化手段，使数据新闻学成为新闻学的新领域和应用范例，而且还能被当作一种新的新闻分支参与到主流媒体里面。新冠疫情暴发就是一个例子。WHO（世界卫生组织）报道的《新型冠状病毒（COVID－19）情况》，充分利用网页端显示面积大、交互性强、可迭代的特点，展示了各地区的确诊数、病亡数、影响范围、发展趋势，多模块结合，为接收者明晰了疫情全球发展态势。H5（构建 Web 内容的一种语言描述方式）形式的统计总结型报道在此次疫情中被广泛使用，通过依托社交媒体快速、广泛传播且可以持续迭代优化，引导用户多次访问。“丁香医生”（公众号）《新型冠状病毒肺炎疫情实时动态》在2020年1月21日上线之初汇总整理了全国各地的疫情数据，多次迭代优化后又加入了国外疫情数据、辟谣与防护、实时播报、疾病知识、在线问诊等内容。丁香医生报道的先发优势、用心经营、直击痛点，使其在此次疫情报道众多产品中脱颖而出，截至2020年3月15日已有三十亿余人次浏览。在针对新冠疫情工作中，各大媒体研发制作了一系列地图疫情作品。丁香医生推出的新冠疫情实时动态产品通过不同的色彩呈现各地疫情的发展情况与差异，让受众及时获取疫情在世界各地的分布情况及数据动态。《了解你附近的“新冠肺炎”定点医院》根据用户使用电子设备的地理定位，为用户提供最近的新冠肺炎定点医院位置信息，用户可以通过手动拖拽、点击等手势定位、选择、查看详细信息。静态地图更加适用于单一维度数据的呈现，而动态地图更能展示某一现象长期的发展情况。北京大学可视化与可视分析实验室将地图与时间维度结合，用户可以自己交互看到从疫情开始至今的确诊、治愈情况的状态回顾。超图集团利用确诊人员同程数据，配合交通通行量展示，清晰地反映出采取不同出行方式的涉疫人群的轨迹分布，以及随着时间的延长，出行人数的变化趋势。分析迁徙人群数量能够提前预测疫情发展趋势，指导医疗资源的合理调度。所谓数据新闻学，简单来看，就是在报道新闻的时候利用数据信息，这样记者就能把其自身的传统新闻敏感度跟海量的数据信息结合起来，这是一种新型的新闻报道模式。另外，数据新闻学是新闻学的深入，这样产生的新闻更加细致。数据新闻学要求新闻工作者要具有计算机数据抓取、处理、可视化，平面，交互设计，计算机编程等不同范畴的能力。在各种学科的共同努力下，数据新闻学产生了，它能够在多种环境下使用，而且具有交互性，受众能够直观地看到新闻事实的效果，它主要是用来展现数据与社会、数据与个人这些不简单关系的可视化，这样呈现出来的效果主观感觉不强，理解起来相对容易，能够使公众对提出的公共议题有更高的关注度和参与度。

Geoff McGhee 是斯坦福大学的一位教授，另外，他还是在多媒体和信息图标方面见长的记者。2009—2010 年，约翰 · 奈特新闻奖学金资助他进行数据可视化的研究。他在其研究成果中表示，如今的新闻和数据之间的关系不断紧密，媒体的责任变成了把很难理解的数据在尽量详细又不能危言耸听的情况下向公众介绍清楚。

2012 年，Geoff McGhee 完成了《数据时代的新闻学》这个关于数据新闻学的教学视频。视频对数据新闻有非常详细的介绍：① 数据的爆炸式增长使我们需要用工具来进行分析；② 可视化方面的专家旨在开发工具，以帮助普通人更好地理解数据；③ 记者们则努力应对如何应用数据使新闻报道更加有说服力；④ 有经验的数据图表设计师能够把数据引入新闻学，但他们依然在论证数据对概念诠释的有效性；⑤ 数据越来越成为个人表达的载体；⑥ 数据将会实时推陈出新，极大地挑战着我们理解、分析和展示数据的能力；⑦ 创建在线可视化的技术正在改变，而新工具的出现将会使这个过程更加容易；⑧ 数据分析的重要性不亚于视觉展示，现有工具可以帮助实现这个过程。

二、数据新闻学的意义

在信息快速发展的今天，新闻故事层出不穷，目击者逐渐成为这些海量数据的源头。一个事件发生后，它会在庞大的社会信息网络中经历过滤、评级、评论几个阶段，然而，它的结局往往被公众所遗忘。

由此可见，前期的收集、过滤，进而把信息变成可视化的信息是至关重要的。

实际上，在人际网络乃至人—物网络中是需要语言关联的，而其中的语言就是我们所说的数据。有些时候，一个在某一单独事例中微不足道的小信息，放到全局中去，就能看到其实际蕴含着非同一般的作用。很多开创意识强的记者早就通过数据手段，帮助我们掌握现今世界中存在的事情，并且解释发生的这些事情对我们生活的影响。

数据新闻在《数据新闻学手册》中被做了如下阐述，书中主要关注的是数据新闻和其他类型新闻的差异，这种差异有的体现在传统新闻的敏感性数据信息上。新闻报道的所有阶段都有机会出现这种可能性，因为在信息的收集和组合过程中，仅是通过电脑程序直接自动处理的，而这些信息的来源往往是政府、公安局和其他机构。

数据图表能够把一个非常复杂的事件清晰地展现出来，这就是数据新闻的一个优点。Hans Rosling 用 Gapminder 软件的可视化功能关注世界贫困问题，并将其展现在全球人面前，这在全球引发了关注。David McCandless 广受欢迎的是大量数据提取。比如政府一些开支的背景资料、冰岛火山问题等。

新闻事件之间的关联问题也能通过数据新闻体现出来。比如，BBC（英国广播公司）和《金融时报》这样的媒体，会每隔一段时间就推出财政预算的互动性报道，受众从中能够感觉到预算与其自身有关。

数据具体如何理解要看怎么用它，它可以被当作数据新闻的信源，也可以用来讲述新闻故事，或者是两种情况同时进行。对信源的基本要求是数据能够接受怀疑和质疑；所有工具的特点都是在塑造的同时会限制并且利用数据产生新闻报道。《数据新闻学手册》就表达了作者的想法，由于现在数据可以被使用，记者的工作重点就发生了改变，不再是“第一个报道者”，而是对一些特定事件影响的阐述者。话题的范围极大：正在酝酿的金融危机，我们使用的产品背后的经济学，资金的滥用和政治决策失误；一些社会问题，如失业如何影响公众，失业者的年龄、性别、教育水平，这些抽象的概念在数据的作用下变成普通人容易理解的事物。记者分析复杂的局面中，如骚乱和政治辩论中的动态关系问题，就要把实践中的谬论展现出来，受众可依此探索复杂问题的解决方案。

另外，数据新闻提出的观点比其他方式获取的新闻更深刻。由于现在的编辑室数量已经远不及从前了，公共行业成了很多记者的另一选择。数据记者乃至数据科学家在各个行业中都成了炙手可热的员工。

三、数据新闻的生产规律及专业需求

2015 年，央视邀请曾参与全球首本数据新闻专业教材《数据新闻手册》撰写的美国哥伦比亚大学新闻学院教授乔纳斯・斯缀，以及美、英等国的业界与学术界知名学者，通过数据新闻工作坊形式，对整个世界的数据新闻获奖作品与最新案例加以分析解释，多方面对其数据进行抓取、清理与分析等专项训练，更与央视主创团体协作，总结了数据库与可视化工具对接这一创新之举的相关经验，通过中央电视台在数据新闻方面所进行的创作实操及相关培训，数据新闻与传统新闻相异的专业规律便显现出来。

（一）新闻采编生产流程的再造

数据新闻这种兴起于大数据时代的新闻创作方式，不但做到了跨领域、跨学科，而且在三个方面同传统新闻报道产生了重大区别。一是人员配置不同。基于报道、设计及编程三支柱的数据新闻创作，不但与数据分析统计、传统新闻写作、互动设计、平面设计、电脑编程等方面的综合技能密切相关，还具有极大的学科跨越度。通常状态下还要打破传统新闻创作中的部门疆界，并组织起职业的创作项目团队。因此，对记者、编辑、媒体管理人员等众多新闻从业者提出了愈加严苛的要求。二是生产流程不同。数据新闻的生产步骤以获取数据、清理数据、分析数据、可视化处理四个流程模块为主。其中，数据新闻在获得数据时所要面对的数据对象常以百万、千万乃至亿万计，从而达到使用传统新闻数据时无法实现的全新量级，特殊情况下还要应用大型甚至超大型的计算系统。进行数据分析时，它可以凭借各种数据的交叉复用，对数据间难以觉察的实情和逻辑加以构建、找寻，由一组事实的逻辑终止处，组成另外一组事实的逻辑起始处，进而形成报道专题中的逻辑根源，使报道内容更加丰满并得以衍生。至于进行数据可视化处理时，则是凭借数据地图、新闻 App 应用程序、静态信息图、互动式作品、3D 演示等各种可视化手段的综合运用，令新闻数据由抽象至具体，使新闻报道的传播效果越来越好。三是生产理念不同。数据新闻体现着数据为先、报道为后的全新思路，认为数据即新闻、数据产生内容、数据驱动新闻，将新闻的纵深维度加以拓宽；传统新闻思路则以数据为辅、文字为主，以文字报道与采访为先，以数据采集及数据论证为后。

（二）新闻从业人员专业教育的复合

数据新闻的创作生产与传统新闻报道、数据统计分析、计算机编程、平面设计、互动设计等多学科、多领域不同，需要打破传统新闻生产中的部门疆界，组建专门的项目团队。《数说命运共同体》就是凭借着系统分工及综合集成，由特效视觉团队、素材拍摄团队、新闻创作团队及数据可视化处理团队四个工种不同的团队创作而成的。在这当中，视觉特效由电影《变形金刚 3》的一流特效团队负责，素材拍摄是由中央电视台下科影集团的纪录片团队负责，新闻中心内经济新闻部的关键人才组成了新闻的创作团队，至于数据可视化处理则是电脑领域的专业企业负责。

对新闻从业者来说，不但要培养对数据的敏感度，还要具备一定的核实数据、分析数据、整合数据的技能。唯有满足知识背景复合化并将知识结构不断更新，方可与新闻传播环境的新变化相适应。考虑到新闻专业的教育问题，跨学科全能型的新闻从业人员培养已是迫在眉睫。哥伦比亚大学新闻学院早在2010年便成立了数据新闻研究中心（Tow Center），同时开展计算机科学与新闻学双学位教育，专门培育适配数据新闻生产的复合型人才，而国内大专院校新闻专业跨学科交叉的教育实践还有待真正展开。

新媒体的兴起，在一定程度上分割了传统主流媒体记者的报道权，每个人都可能成为新闻现场的记录者和报道者，这对于鞭策专业新闻机构、加快新闻反应速度、提升新闻到达率、推进公民社会建设具有一定的积极意义。然而，当专业新闻机构无法成为新闻信息首发平台，而需广泛借助自媒体信源的时候，新闻从业者很难不产生强烈的失落感。数据新闻作品需要借助国家主流媒体庞大的信息资源网络、专业的组织系统和制度来保障其生产，不是小作坊式自媒体在短时期内能够实现的。

第二节　大数据时代融合新闻的发展

一、融合新闻的概念

从应用新闻学角度出发，融合新闻属于媒介融合大框架下的一个探究分支，因此，在分析融合新闻时，必然要以媒介融合的研究为起点。

媒介融合一词首次出现于1994年《纽约时报》和《圣荷西水星报》一起推出的《水星中心新闻》电子报服务的报道中。此外，美国西北大学的学者Rich Gordon也于2003年依照在不一样传播语境下“convergence”表示的不同意义，将当时美国的媒介融合类型总结归纳为五种：融合新闻呈现方式、融合所有权、融合结构、融合策略、融合信息采集。

从应用新闻学方面来看，融合新闻所研究的内容即为媒介融合发展，也就是 Rich Gordon 所说的媒介融合五种类型里的融合新闻呈现方式与融合信息采集两种类型。当下，西方国家各大媒体中都有负责新闻工作的专业从业者及负责新闻教育的学者这两种最新研究融合新闻理论的人，其中很大一部分人既具备新闻从业经验，又是新闻学科的教授。西方国家的媒体融合新闻的实践大体上表现为组织层面与个体层面两种。其中，媒介组织层面就是表现较为出色的媒介综合集团，而个体层面则往往指的是掌握多项媒体技术的“背包记者”或是“超级记者”。

依照美国加州大学的教授拉里·普里瑟的观点来看，在新闻编辑部中会产生融合新闻，且协同工作的新闻从业者能够向多个媒体平台输出丰富多样的新闻产品。依照杰弗瑞·威尔克森等学者的观点来看，融合新闻的建立基于通过多种媒体发布信息的能力，如信息平台、平面、媒体网络、手机以及电视广播等渠道。所以说，在当今时代，融合新闻要求摄影师、编辑、记者具备传播新闻的能力，并且还要以最为得宜的方式加以传播。

二、融合新闻的传播效应

（一）叠加效应

在融合媒介的背景下，所谓的叠加效应便是融合新闻的一种传播效应，它能够借助多种类型的媒介技术令市场上的各种媒介融合为一，进而扩展融合新闻本就广大的覆盖区域，大大提升其影响力。

（二）长尾效应

在融合媒介的背景下，除了叠加效应外，融合新闻中还出现了一种全新的传播效应，即所谓的“长尾效应”。在如今传播融合新闻市场中，经研究发现，有三分之一的传播媒介为包括网络媒体等在内的各种小众媒体，其他的传播媒介则为包括报纸、电视等在内的老牌新闻媒体。由于发展时间不算早，与小众媒体相比，新闻行业市场中传统媒体所占的比例会更大一些。小众媒体由于其日益增加的发展规模和极快的发展速度，也在市场中占有一席之地，这一区域就是所谓的长尾。

中央电视台与各地方新闻频道等老牌新闻媒体也开始在微博等网络平台上推出运营各自的官方号，在对新闻内容进行选取、编辑及传播的过程中，更是增强了运用网络媒体的力度，仅中央电视台新闻频道在微博上的粉丝数量便已达到五千万左右。由此可知，媒介融合后，无论是融合新闻的传播范围，还是其影响力皆有了较大的进步。

（三）窗口效应

所谓窗口效应，就是融合新闻在融合媒介的背景下，以互联网等新媒体为窗口获取与传播新闻的效应。通过这一方式，可以令新闻媒体具备更加辽阔的市场与影响力范围，还更加有益于新闻价值和新闻效益的增加。比如，在众多新闻媒体中占据极大关注热度的中国公民失联事件，正是由于存在着互联网这一传播新闻的窗口，我国民众方能即刻了解到发生于国外的章莹颖失联事件。此外，在案件发生至抓捕到嫌疑人的全过程中，警方也通过互联网呼吁相关人员积极提供相关信息，还与媒体合作，通过网络等各大新闻传播途径对此事加以报道，进而使关心此事的民众数量日益增加，令案件在众人的协助下被侦破。

（四）波纹效应

在融合媒介的背景下，融合新闻就像将一粒石子投掷于平静的河面上将会激起层层水波一样传播开来，在融合新闻的传播过程中，有关的各种新闻内容及信息也因此得以广泛传播，尤其是在各种媒介的影响下，不但影响力有所提升以及传播范围会有所扩大，传播速度也将进一步提高。比如，此前17岁少年由于连续40个小时玩《王者荣耀》而差点失明的新闻，一经报道传播，立刻引起了民众的广泛关注，且和《王者荣耀》这一游戏相关的其他新闻随后也先后加入了传播队列，如13岁少年为该款游戏盗刷家长银行卡等，令《王者荣耀》在社会中所受到的关注度日益增加。此外，在报道过程中，各大新闻媒体也选择以网络游戏监管力度不够作为新闻传播的重心，进而令新闻在报纸、互联网等各类传播媒介中扩散开来，进而在社会上引发全民探讨怎样评价网络游戏的热潮。由此可知，在各类传播媒介的作用下，融合新闻具备更为多样化的传播途径，且其影响范围不断扩大，影响力因此得到大幅提升。

三、大数据：融合新闻生产中的“金矿”

新闻传播学者和新闻媒介从业者也看到了大数据金色的光芒，并积极思索怎样将大数据之下所隐藏的巨大经济价值与新闻价值完全挖掘出来，探索身为新闻生产人员必须具有何等智能等问题，而因大数据得以推进的新闻生产变革信号也早已扩散。

（一）让新闻可视化与图表化

基于大数据的融合新闻作品，不但应具备人性化与简单化的特征，还应做到图表化与可视化兼备。说起数据的图表化与可视化，其历史能够追溯至20世纪50年代出现的计算机图形学。那时，人们就已经借助计算机创造出第一批图表与图形。眼下，由于人类数据规模的日益扩展和数据简单化程度的日渐减弱，数据图表化与可视化的重要意义也随之增强。

作为一类信息技术，数据图表化与可视化的目的为交流沟通，即通过设计把数据变为观赏性与功能性兼备的动画、图像、图形、地图等，进而使沟通交流信息的过程愈发清楚、明了、高效。根据生理学理论，在人的大脑皮层当中，视觉反应区占据了百分之四十的比重，因此，人类先天神经系统便最易感知图像化的信息。此外，数据可视化的技术还能够通过图像，基于逻辑思维，将人的空间想象力与形象思维进一步激发，吸引并协助用户体悟数据背后的规律与关联。

融合新闻的生产也是传播人员与受众间相互交流沟通信息的过程。为了使具备大数据特征的新闻信息在生产过程中顺畅明了地传播，最有效的途径自然是数据的图表化与可视化。至于融合新闻产品，也为数据的图表化与可视化提供了可能性与场所。

学者刘少华、陈昌凤亦有例可证。彭博社的挖掘大数据类栏目报道“今天图表”正是通过简明的事实与图表将道理阐明，而不是依靠说教。这不单是既单纯又高雅的呈现观点与将想象力激起的方式，更是能够体现彭博新闻所蕴含的“show，don’t tell”的观念。

（二）以关联思维创新新闻生产

倘若说人们评价数据的方式正从单纯数据转为杂乱数据、从部分数据转为全局数据，那么，如今数据的因果关系便也随之转化为数据的联系。这表明全球将要与那些一直尝试探寻世界运转方式所蕴含的深层次原因态度说“再会”。然后只需要将数据间的联系弄明白，并达到通过此种关联信息来预测未来、解决问题的状态。

因果关系的思维方式是人类在长期社会生活实践中积累所形成的一种认识世界的方法。我们习惯性地用因果关系来解释所有的问题：无论是打雷下雨，还是金融市场的风起云涌，甚至自己突如其来的情绪变化，我们都希望能够找到这些事情的前因后果。事实上，人类对因果关系的执着并不是无理由的，这种快速的思维模式可以帮助人们在短时间内做出判断并采取行动，这也确实推动了人类社会的发展和进步，帮助我们驱灾避祸，化险为夷。

出于本性，人类在新闻生产中往往致力于研究事物的因果关系。人类追寻这种新闻报道的完整性，既需要新闻具备完整的“5W”元素，也需要新闻事件具备连续性与因果上的逻辑性。此外，若存在后续报道及追踪报道更是再好不过。而人类所追寻的这种新闻报道深度，既属于新闻事件不一样的角度、方式上的一种立体覆盖，也是在连续深化探究新闻事件的原因与结果，因为我们也想要了解新闻产生的缘由及导致的后果。

《大数据时代》的作者认为，人类通过因果关系了解世界的方式，正在被大数据所改变。在小数据时代，来源于直觉的因果联系并不正确的观点不易证明，而在大数据时代，大数据间的相互关联往往会被用于证实直觉的因果关联不正确的观点。最后将证明，统计关系里并不包括许多真实的因果关系。笔者提及的相关关系，即为通过关联物的方式协助人们了解事物，对现象加以分析，利用那些所寻到现象的关联物进行捕捉当下并预测将来。眼下，我们所拥有的巨大的数据量正好能够令关联性的分析越发迅速、正确，还能使其难以被主观偏见所影响。

大数据时代下，关联性分析方式能够颠覆人们的思维方式，也能够让传统新闻的生产挣脱固有追求因果的思维方式的束缚，进而从关联的角度出发，重新审视社会。并不是每一个新闻事件都可以用因果关系来解释，也并不是每一组看似正确的因果关系就真的是可靠的。新闻生产中经常出现的错误，就是把没有因果关系的两者胡乱地搭在一起，或者是将复杂的非线性关系简单地归纳为线性的因果关系，甚至在金融报道中经常出现勉强的倒推式因果解释。但是，在很多情况下，实际情况与常识往往正好相反，或者根本没有因果关系。例如，人们的收入水平与幸福感并不是一个成正比的关系，感冒也未必就是因为受凉，用餐后生病不一定是食物问题。

注重历史、时间及因果关系的传统观点正遭受挑战，而强调现状、空间及相互关联的新型观点已渐渐占据有利地位。从前，占有知识代表着对历史、时间及因果关系的掌握与认知。而在眼下，了解知识的发展状况与存储空间，预测知识的将来趋势显得更加重要。在大数据时代下，生产融合新闻需要具备一种既开放又关联的思维观念，要切实着眼于揭露社会现象中的繁杂关系，而不是执着于追求因果关联。

（三）精准测算生产媒介个性化产品

大众化的传统新闻采用的是一种粗放且集中的生产方式，新闻媒体用标准化形式在车间生产新闻产品，然后，利用某一媒介或渠道将产品传递给全体人。由于受众不但成分繁复、数目众多，而且分布广阔，需求不一，在发展数字化技术前，那些基础的受众信息皆隐藏不清，媒介也是无可奈何。因此，导致新闻产品的内容不具备准确性与针对性。以往的受众分析选取的调查方法皆为抽样式，此类方法与样本数量的多少密切相关，倘若样本不具备相当数目，那么，调查结果自然也难以体现全体受众的真实状态。此时，受众的抽样调查法主要聚焦于用户语境下的点击、收看、阅览等媒介的自主使用习惯，因此，对受众的综合行为习惯，还有他们给受众媒介使用所造成的影响难免有所忽略。所以说，不进行全方位的调查，不抽取大量样本，媒介对受众究竟是怎样的一群人、他们究竟需要什么将一无所知；而受众对各类或许并没有用处的信息，也只能被动接收，也有可能随时随地遭受信息轰炸，这些碎片一般的信息将占据个人大部分注意力。

以营销传播为例加以分析：媒介公司与一般公司相同，尝试着在受众分析中构建用户的“360度视图”。“360度视图”就是通过各部门，将用户的数据库信息集合为一个整体，进而形成一个数据巨大的用户数据库系统。在该数据库系统中，用户将不再属于模糊群体，而成为一个个自主的个体，这些用户拥有不同的姓名、收入、地址、家庭、年龄状况等，基于此，公司也能够把用户的消费范围、消费时间地点、消费数目、消费产品、消费频率、消费金额、消费种类、消费行为、偏好兴趣等信息不断存储到数据库系统中，令系统中本来的数据量迅猛增加，短时间内便构成一个大数据群。因此，企业凭借深入挖掘大数据群，对客户的消费行为及趋势产生更加深入的认知，令公司不但可以了解到每位用户的相关信息，还能对公司的生产状况、生产趋势了如指掌。

在大数据时代，想构建用户的“360度视图”对媒体而言并不算难事。由于媒介的全部信息皆数字化，当用户在浏览、阅读网络与新媒体时一定会留下相应的痕迹。每个用户都有自己特定的IP（网际互连协议）地址，借助cookie（小型文本文件）等技术手段，能够让计算机将用户的全部使用行为一一记录下来。

第三节　大数据时代对新闻传播的影响

一、大数据对新闻传播领域理念的影响

（一）树立数据为主的理念

近年来，新媒体的快速发展给传统媒体带来了非常大的冲击，传统媒

体行业的前景越来越暗淡。与此同时，大数据时代背景下，传统媒体原有的弊端变得更加突出。其中最为重要的就是传统媒体时效性的局限。众所周知，新媒体的网络特性使得其不会受到时效性的局限，能够在极短的时间内将新闻信息传递到用户那里。而快餐时代，用户对于新闻时效的要求也越来越高。相较于新媒体而言，传统媒体所能够承载的信息量也有着较大的弱势。这就导致了传统媒体的受众逐渐变窄，现只集中于中老年群体这些对网络接受度较小的受众群体。因此，传统媒体的变革已经势在必行。在大数据时代背景下，传统媒体需要从数据建设方面着手，变革传统的数据理念，拓宽受众群体，提高受众的忠诚度。

（二）数据开放观念

现阶段各类信息的指数级增长，给有效利用信息带来了巨大的挑战，这也是众多新闻媒体所共同面临的主要问题。如何在庞大的信息流面前给用户带来最全面最有效的信息成了新闻媒体在发展过程中所主要考虑的问题。这也就凸显了数据更新的重要性，只有做到与时俱进地更新，才能够全面把握社会信息的变更，进而精确地获取有效信息。数据的更新也就意味着数据的开放，许多新闻媒体没有意识到这一点，反而在大数据时代背景下，对自身掌握的数据采取保密措施，使得行业内出现了许多信息孤岛，无法全面实现信息的共享互通。这种“闭关锁国”的政策显然不利于整个行业的发展进步，因此新闻媒体的发展进步离不开数据开放的观念，只有开放自身的数据共享，才能够做到与时俱进地更新社会信息，才能够实现互赢。而数据的时效性也限制了那些只掌握自身数据的新闻媒体的发展。除此之外，新闻媒体的发展要始终以服务社会为最终目的，对自身信息的保密封闭不利于这一目的的实现，所以说现阶段新闻媒体的发展要在数据开放理念的指导下进行。

二、大数据时代对新闻传播领域实务的影响

（一）数据新闻的兴起

数据为新闻的内在变革提供了契机，同时其也成了新闻发展的主要推动力。数据新闻的标志性特色是即时性和个性化，现阶段伴随着科学技术的发展进步，数据新闻对新闻行业的影响也越来越大。相关数据显示，当前新闻传播的媒介不再是传统的仅仅以文字为主，而是包含音视频、图片等内容在内的混合媒介。从一些公众号的发展可以看出，在传统的文字为基础的媒介上，增加视频、图片等内容能够进一步增加内容的吸引力，提升受众的忠诚度。

（二）新闻传播生产方式的革新

大数据时代的来临，为新闻传播的发展提供了全新的发展方向，与此同时，其也进一步变革了新闻的生产方式。从新闻生产方式的革新来看，其影响主要存在于采集、报道以及发布等方面。从新闻采集的角度来看，传统的新闻采集主要依靠的是在新闻发生现场的记录，这就需要投入大量的人力物力到现场进行摄录。这种方案不仅造成了新闻时效性的严重滞后，而且会产生大量的成本。而数据时代，新闻制作方只需要利用网络进行搜索，就能够获取新闻现场大量的视频和图片等素材，这为新闻采集的即时性提供了可能，并且节省了许多人力物力。与此同时，大量的即时素材也进一步增强了新闻的个性化，使得其对不同的受众有了更强的针对性。从新闻报道的方面来看，传统的新闻报道较为单一，而大数据则进一步拓宽了新闻报道的途径，其中发展比较成熟的有公众号推送、头条发布等。

第四节　大数据时代新闻传播的完善策略

一、整合新闻思维方式

在大数据背景中，新闻记者在对新闻信息加工、处理与播报的过程中，重视的并不是新闻的单一样本，也绝非是代表性强的事例，而是所有数据。借助对所有数据的挑选、概述与归纳等方法，提升事件的真实度并披露其发展规律。用数据说话，深度解析数据以发现受众群体的偏好与需要，同时借助数据对事件本质、特点、受众行为等方面进行准确有效预测。在相关信息采集、加工与处理等环节中，新闻媒体人员要摒弃主观臆断的思维方式，不掺杂任何主观色彩，以客观的态度对数据进行处理、描述，继而推送给受众群体。在大数据时代，记者、编辑等所有新闻工作者应积极转变新闻思维，结合大数据特征与信息传播特点，对信息进行有效加工与处理，对事件进行深度剖析并呈现给受众。

此外，应科学整合数字报告与纸质媒体。在大数据时代，新闻工作的运行对电脑操作人员与记者表现出强烈的依赖性，并加强与数据分析工作者等协同合作，最好把那些内容极为繁杂的数据信息细化为记者能够迅速辨识的电子数据表，借助对该类电子数据表解析的方式，并和程序操作者进行合作，使其转型为肉眼能够识别的图谱以及文字等多元内容方式。在相关人员新兴思维方式、数字报告和纸质媒体的共同协助下，新闻传播效率将会大大提升。

二、改进数据新闻传播形式

在社会经济迅猛发展的时代，人类工作与生活节奏不断提速，当今社会生活繁杂，生活节奏较快，信息传播内容呈现出多元化发展趋势，受众阅览信息不断提速。此外，手机、iPad 等移动终端的广泛应用使新闻传递的方式多样化。受众在阅览新闻讯息期间，一般会选用简洁性、直白性与趣味性等特征共存的新闻，在批量信息中快速探寻出自己感兴趣的讯息。大数据时代也可以被视为可视化新闻传播的时代，可视化新闻在新闻传播中地位不断提升，对新闻传播效率、速度均产生不同程度的影响。在数据新闻的处理期间，应将它体现出可视化特征，从不同维度去解读新闻事实和新闻出现过程，以优化数据新闻的报道形式，并获得更为广泛的受众群体，交互图表和可视化技术的运用，进一步强化新闻内容的生动性与直观性，提升数据新闻传播的效率。

三、重视新闻受众的互动与参与

伴随着自媒体平台的发展，受众对于新闻讯息的参与度和互动性也处于不断提高的态势中，一些新闻讯息与受众群体现实生活密切相关，也就是说用户也是新闻信息的生成者。社会化媒体平台的搭建，可以为用户创设信息传播的渠道，信息传播的时效性得到切实保障，强大的及时性和互动性可以进一步提升用户的归属感与能动性，也对新闻信息质量产生深远影响。大数据是一把“双刃剑”，对新闻质量的影响是双面的，一方面能够拓展新闻记者的视域范畴，使信息采集获得更多的渠道，另一方面也会对新闻记者的新闻思维与判断能力进行干扰，使信息采集的质量下降。尽管如此，受众参与新闻事件是现代社会发展的必然趋势，自媒体用户产生的新闻内容能够使媒体享受丰厚的“资源盛宴”。故此，新闻媒体应积极迎合大数据时代的发展需求，关注新闻受众的互动与参与，以开放与包容的心态看待用户生成内容，采用多种途径获取数据新闻信息，并对其进行合理加工与完善，以推动新闻行业可持续发展。

四、增强大数据头条意识，优化可视化呈现方式

新闻媒体人对待大数据技术，应该扬长避短，在养成“互联网 +”和大数据的思维之外，还要摒弃它的缺点。

第一，增强大数据头条意识，强化传播个性。当前，大数据呈现的背后一般为政府或者企业的业绩，展现出经济社会发展过程中的各项综合指标。这些大数据虽然是权威性的，但是存在非结构性的特点，也就是比较杂乱无章的。这就需要新闻记者在这些信息中挑选人无我有、人有我优的事实，并将其加工成头条新闻，最终制作成大数据新闻。

增强头条意识，能优化新闻的传播效果。一旦新闻成为头条和首发，借助大数据技术，其传播速度可能比非头条新闻高上百倍。随着算法推荐的应用，新闻发出后，人们在短期内的阅读量猛增会使这条新闻的传播速度更快，传播范围也更广。

第二，优化可视化呈现方式，拓宽报道领域。大数据技术在新闻编辑工作中的深入应用，会改变新闻传统的呈现方式。通过大数据，新闻有可能接触到更多专业的报道领域。大数据专业的新闻记者和编辑是将来新闻传媒业的重要改革和发展方向，对新闻媒体来说，握紧这个改革创新发展的“方向盘”，充分运用大数据的信息海量性、资源广泛性等特征，有效掌握社会与个人发展的复杂关系，提取对本地受众有用的、有利的事实内容，用更加易于接受的可视化方式呈现出来，将会改变新闻的叙事方式，也使新闻的触角可以伸向更多的报道领域，比如房地产、股市行情等与大数据密切相关的领域。

总之，作为一个新兴事物，大数据以信息海量性、资源获取多样性等特征改变了以往的新闻传播方式，为新闻发展开创了一种新的模式。大数据对于新闻传播有利有弊，记者和编辑应该扬长避短，增强大数据头条意

识，凸显传播个性；改进可视化呈现方式，拓宽报道领域，从而获得更好的传播效果。

第六章　数字时代数据新闻的传播策略研究

第一节　数据新闻概念界定与理论

一、数据新闻概念界定

数据新闻也叫“数据驱动新闻”，是大数据时代新闻与数据相结合的新方式，开放的数据、严谨的叙事逻辑、恰当的可视化呈现方式共同构成数据新闻的基础。2006 年，EveryBlock 创始人阿德里安·哈罗瓦最先提出，新闻记者可以通过公布数据的方式来抛弃以文字表述的传统新闻报道方式。2009 年初，英国《卫报》的“数据博客”栏目一经推出，便迅速成为数据新闻实践的领跑者。在这之后，传统媒体开始在数据新闻领域攻城略地，《纽约时报》、《华尔街日报》、BBC 等传统新闻行业的王牌都开始建立自己的数据新闻专栏，以期在数据新闻领域有所建树。随着数据挖掘、可视化等技术手段的进一步发展，自 2013 年起，国内新闻行业也开始了自己的数据新闻探索，但与国外数据新闻相比仍有很大差距。作为一种新型的新闻报道形式，数据新闻从生产模式、运作方式都与传统新闻存在差异，这是一种文字与数字的较量和交流，是大数据时代新闻与数据碰撞产生的火花。

二、数据与新闻的关系

美国新闻界认为，数据新闻是区别于计算机辅助报道的，他们认为计算机辅助报道主要只是一种计算机帮助新闻报道的手段，而数据新闻的重点则在数据上。当然，也有人认为，这两者并没有本质区别。

在国内，数据可视化和信息化图表经常与数据新闻相生相伴，它们经常被人们“李逵和李鬼”分不清楚，但它们却有着本质区别的。《纽约时报》阿隆·菲尔霍夫认为，数据新闻只是对整个计算机辅助报道的一个概括总结，既包含了新闻内容也包括整套的新闻制作流程。

虽然数据新闻、数据可视化和信息化图表三者有细微的差别，但其实却又不那么明显。今天的数据新闻不仅仅停留在静态的数据，在一些重大活动和事件上，伴随的是数据的动态输出，比如奥运会的奖牌变化、美国大选各个州支持率的变化在数据新闻的可视化展示中呈现出易读易懂的优势，成为一种可供动态报道的工具。而在一些利用 H5 技术及短视频技术的数据新闻中，交互性则是其最大的特点。在这类数据新闻中，读者可以按自身喜好去选择内容进行阅读和体验，不同的选择会产生不同的数据、报道内容。

无论我们将数据新闻叫作什么，其内容核心和本质就是以数据为核心的新闻报道，而用数据思维来收集新闻、整理新闻、报道新闻则是未来新闻发展的一大趋势。

三、5W 理论

美国政治学家哈罗德·拉斯韦尔于 1948 年在《传播在社会中的结构与

功能》一文中，首次提出了构成传播过程的五种基本要素，并按照一定结构顺序将它们排列，形成了后来人们称之为“5W”或“拉斯维尔程式”的过程模式。这5个W分别是英语中5个疑问代词的第一个字母，即：Who（谁），Says What（说了什么），In Which Channel（通过什么渠道），To Whom（向谁说），With What Effect（有什么效果）。

一篇数据新闻在传播过程中也包括这些要素，形成一个完整的传播过程。在新媒体平台中，“5W”的因素看似不明显，但其仍然成为影响数据新闻传播的重要因素。在数据新闻中，传播者多为数据新闻制作机构，因其需要大量的数据以及复杂的可视化工作，所以个人传播者较为稀少。在内容方面，数据新闻多以图片、图表、交互网站、漫画等不定的形式来展现数据与新闻的结合，内容形式取决于数据的规模和新闻的属性，以及编辑作者的水平。数据新闻的传播渠道主要为传统渠道及新媒体。

四、使用与满足理论

使用与满足理论是媒介研究的一个重要途径，这一理论从受众角度出发，集中关注个人如何使用大众传播媒介、人们使用媒介的方式与他们从中寻求到的满足之间的关系，考察了大众传播到底给受众的心理和行为带来怎样的影响。该理论认为受众是有目的、主动地接触并使用媒介，从而满足自身的需求。在数据新闻传播过程中，数据新闻并不是铺天盖地的无孔不入，相反，与传统新闻相比，数据新闻更为小众，正是因为其独特的叙事结构和数据可视化，满足了不同用户不同的需求，如显而易见的数据呈现、华丽有趣的新闻展现或简短有力的新闻讲述等。

五、视觉传播理论

数据新闻的另一重要特征即为其独特的视觉呈现，数据新闻不仅仅在数字的理性上给予受众强烈的说服性，也在感性上以生动或有趣、美丽或炫酷的呈现方式来调动受众的大脑，从而提高数据新闻的传播效果。视觉传播分为静态视觉传播和动态视觉传播两类，静态视觉传播多为图片，如平面广告、海报、图片等；而动态视觉传播则是视频、动画等播放或通过点击播放等艺术形态。数据新闻则是以视觉传达为媒介，通过这种形式为读者传播更多信息，提升读者认知，加深读者记忆。

第二节　基于新媒体平台的数据新闻传播面临的问题

一、数据新闻团队建设滞后

当前国内数据新闻团队建设仍与国外有着明显差距。当国内数据新闻只作为一种网络新闻的分支时，国外数据新闻团队早已开始商业化运作，甚至已经完成了完整的产业链，出现了商业众包。例如“新闻 + +”（Journalism + +）是 2011 年成立的一家连锁企业，专门承揽数据新闻外包业务。而国内数据新闻从业者也存在数据素养不强的问题，对数据认识、分析、搜集、热点话题的把握性较差。在数据新闻的生产和发布过程中难免会出现数据与新闻不吻合，内容与主题偏差等情况，让读者似懂非懂，不明其意。新闻团队如果不够专业的话，对于数据新闻的发展则是有百害而无一利，如何充分利用好已有数据，发掘搜集新数据，讲好数据与新闻的故事，这些方面无一不考验着国内数据新闻团队的实力和经验。以网易“数读”2019 年 10 月 5 日发布的一则数据新闻《几万网友选出的坑爹景点，你可别再去了》为例，该新闻的主题与“十一黄金周”很好地契合，但发布时间却选择在假期快结束的 10 月 5 日，让人匪夷所思。如果该篇新闻可以在

“十一黄金周”之前几日发布，那对于将要出行的游客会有很好的借鉴意义，就不会出现评论中大部分身处“坑爹”景点的感同身受了，这也从一方面体现了目前数据新闻团队对热点把控不足、经验不足。

数据新闻团队建设还有很长的路要走，想要后来居上，就要加大投入与创新，制作中国特色的数据新闻。

二、数据新闻传播内容缺乏创新

数据新闻的内容是其重中之重，虽然数据新闻的表达形式与传统新闻有很大差异，但其内容方面依然存在很多问题，包括可视化形式的滥用、报道内容缺乏深度、东拼西凑数据等问题。

（一）可视化形式滥用

国内数据新闻团队对可视化形式的使用还略显稚嫩，一些数据新闻为追求图表的华丽却与新闻内容不相符，出现了“文不对图”的情况，这是一种可视化滥用的结果。说到底，数据新闻还是新闻的一种形式，重要的还是要为受众传达新闻内容，传递价值，而不是重形式轻内容，这样的数据新闻不但存在讨巧的行为，而且也不会促进整个行业的进步。

当前数据新闻的另一个问题是互动元素利用不充分。在网易“数读”、搜狐“四象工作室”、人民“网图解新闻”及财新“数字说”中，静态图表成为报道呈现方式的绝对主流，占比达到 80% 以上。静态图表相较于互动可视化表达而言，可视化方式略显单一，而且达不到与受众互动的目的，对于受众的影响有限。但当我们把视线转移到国外的数据新闻团队时，我们发现互动的可视化表达已经成为西方数据新闻的未来发展方向，在近年 DJA（Data Journalism Award）奖项评比中，评委们也越发地青睐可以互动的数据新闻，不仅如此，盲目地使用互动可能只是炫技，当数据与互动契合得恰到好处的时候，往往会让受众拍案叫绝。

（二）报道内容深度不够

数据新闻与传统新闻的主要区别在于表达方式，传统新闻列举数据时，或在文字中逐一列举，或制作简单的冗长的表格，而数据新闻则是对大量的数据精挑细选，并用数据去讲述故事，用简短的篇幅、精简的可视化表达把新闻内容传递给受众，这对读者进行新闻的解读帮助巨大。

但数据新闻不仅仅是对传统新闻的简单可视化，还需要一定的理论和内容支撑。数据新闻除了炫酷的可视化内容，对数据背后的故事发掘以及数据联系解读方面目前还做得不够好。一则优秀的数据新闻不仅需要华丽的可视化内容，其新闻价值更加重要，这不光需要传统的采编、文字表达能力，也考验着数据新闻团队的技术能力和团队配合能力。如果仅仅是对现有数据的美化，却并没有深挖新闻事件背后的故事，那么这称不上是完整的数据新闻。

（三）自采数据能力不足

对数据新闻来说，数据是它生命的源泉。可以说数据的质量决定了数据新闻的质量，可见数据对于数据新闻的重要性。目前数据新闻的主要数据来源渠道为政府、组织公布的数据和媒体提供的数据，这两种数据来源占比高达八成，数据来源渠道略显单一。

对于数据新闻团队而言，一手数据的重要就好比传统媒体在第一现场进行报道一样。数据新闻的技术要求不仅仅局限在对数据的分析和可视化呈现上，对于数据的搜集和挖掘也有着相应的要求。国外数据新闻团队大多有专门的数据团队进行数据的采集和处理，甚至还有众包数据的新形式出现，这种专业化的形式可以为数据新闻提供更优质的数据，也充实了数据新闻的内容。

三、数据新闻传播路径固化单一

在对数据新闻新媒体平台的传播路径分析中发现，数据新闻在新媒体平台中的传播路径相对固化单一，数据新闻送达率与二次传播率甚至出现明显的反差；微博虽然拥有众多用户，可以在其中便利地进行评论、转发、点赞等交互选择，但实际效果并未达到预期，甚至可以说传播效果不够好。同时，关键的传播者在二级、多级传播中具有非常重要的作用，甚至可以影响数据新闻的传播效果。

（一）数据新闻分发渠道缺乏多样性

现如今新媒体平台的数据新闻分发主要集中在“两微一端”即微信、微博和媒体手机客户端，但在现在这个新媒介快速更新的时代，仅仅依靠这三种分发渠道是不够的。

微信平台的数据新闻分发以微信公众号为主。消息多为对话框式社交分发，该类型的传播目标更为精准，送达率高，因为受众大多数来源于公众号的粉丝，但这种传播方式仅仅为一级传播，在二级甚至多级传播中没有明显优势，难以形成大规模转发。

微博平台相较于微信平台规模更大，传播网络更为分散。微博有其特色的热搜和热门话题标签，在这两种方式加持下，容易形成大规模转发传播，而且微博平台也会主动去分发一些优秀内容，根据算法计算将给受众推送感兴趣的内容。但微博平台也有其局限性，如数据新闻《走！持普通护照去这 72 个目的地可免签或落地签》中，旅游作为热门话题却没有达到应有的传播效果。

目前来看，微博、微信公众号的受众有很大一部分向短视频平台如抖音、快手转移。

(二) 数据新闻多级传播能力不足

数据新闻的传播路径与新媒体的文章和消息传播路径几乎相似，而关键点则是对数据新闻的传播效果有至关重要的作用的。而目前数据新闻在新媒体平台的传播中，一个重要的问题就是多级传播能力不足。数据新闻栏目或媒体，只是单纯地将信息分发给受众，但这其中具有影响力的意见领袖较少，没有再次进行传播。

这也就是说，数据新闻在新媒体平台上的传播多为两级传播，甚至多为主体与受众之间的点对点传播，这种传播模式是由于新媒体的特性所决定的，这是对受众赋权，受众的表达权和影响力增强，传播主体的传播能力会受到影响，微博、微信公众号的数据新闻阅读量和转发量都呈现较低的水平。

第三节　新媒体平台下数据新闻传播的发展策略

一、组建专业数据新闻团队

想要组建专业数据新闻团队，必须尊重数据，必须全面客观地对待数据新闻。大数据在很多行业都展现了它的惊人作用和影响力，但在新闻行业还处于起步阶段，为了更好地利用大数据来丰富新闻的报道方式，提升数据新闻的影响力，则需要更多了解数据的人才加入数据新闻团队。

(一) 提高数据新闻重视度

提高数据新闻重视程度，这要求相关从业人员要在观念上对数据新闻有理性的认识，要以全面客观的态度对待数据新闻，这样才能做好数据新闻。当前很多新闻媒体对数据新闻还不够重视，认为数据新闻并不能对当前新闻行业有足够影响，这是没有意识到事物是普遍联系和发展的。在关注新闻的同时，也要提高对数据的重视度，增加数据与新闻之间的联系，提高新闻水平与新闻素养，提高数据加工处理水平，唯有如此才能使我国的数据新闻水平迈向新的高度。

目前一些媒体仅仅把数据新闻当作锦上添花的项目来看待，还未发现数据新闻的潜力，包括其影响力和商业能力，这需要数据新闻团队在提高数据新闻制作水平的同时，增强市场意识，只有这样才能让数据新闻良性发展。

（二）增强数据新闻人才培养

在这个高速发展的科技时代，也要求新闻从业者跟上时代的脚步，顺应时代的潮流，需要新闻从业者强化自身新闻技能的同时，对其他方面的技能也要有所涉及，发展成为全面的“T 型”人才。数据新闻的工作者也应在做好本职工作的同时，加强与其他同事的沟通和学习，学习数据挖掘、数据分析、可视化表达等多种技能。因为在制作数据新闻的流程中，多部门、多人员的沟通过程中会有信息损耗，而数据往往是要求准确客观的，这就要求团队成员对数据新闻的内容及背后的故事和数据的内涵都有所了解，否则不能够清楚地了解数据结构以及其内部的关系，是无法设计出正确的可视化表达的。此外，记者、编辑也要学会培养自己的视觉敏感性，提高自己的视觉审美能力。

二、优化数据新闻内容创新

《纽约时报》记者阿隆·菲尔霍夫认为是否有进行数据可视化的能力不

是当前面临的问题，是否有进行可视化的必要性才是需要迫切解决的难题。如何正确地运用可视化，在已有的可视化基础上进行创新，是目前急需解决的问题。

（一）创新可视化形式

目前来说可视化的发展趋势是社交与互动，从静态发展到动态，而不是简单地将可视化做得更加精致优美。数据新闻在报道过程中存在天然劣势，即对新闻报道的细节和补充的缺失。但可视化可以以动态的形式对细节进行丰富和补充，甚至还可以以交互的方式配有视频和声音来充分表达新闻内容和新闻故事，这是未来数据新闻发展的趋势和新的形式。

提高互动水平也是目前国内数据新闻团队需要解决的问题。而提升互动水平最基础的就是增强自身的技术能力和发现数据与受众之间连接点的能力，这需要大量的实践练习和敏锐的新闻嗅觉。

（二）充分挖掘数据内容深度

有些刚刚涉及数据新闻的新闻团队会出现新闻作品的细节和故事性都无法很好呈现的问题，新闻内容与数据只是简单生搬硬套，这就需要正确对待数据和新闻的关系。要充分利用数据新闻的各要素，文字、图片、数据甚至是声音、短视频等，只有将这些要素更好地融合和展现，才能使数据新闻的报道更具深度，传播效果更为有效。

数据新闻也不是简单的数据罗列，在数据的选择和文字的描述上都是有其内在的逻辑的，这就对数据新闻编辑有了更高的要求，对待数据新闻既要保证数据的精度和广度，也要保证新闻内容的整体逻辑通透和内容翔实，在开头、过渡、结尾都要把握好，确保内容得当。

（三）扩展数据来源

“巧妇难为无米之炊”。对于数据新闻来说，能否把这顿饭做好起关键作用的还是做饭的原材料——数据。目前，大多数数据新闻栏目的数据来源都十分有限，几乎均来自二手数据，这与数据新闻团队的数据采集能力有关，也与我国的数据开放度有关，但这需要各方面的共同努力。数据不但是新基建的重中之重，也承担着战略地位作用，所以，对数据的控制和共享需要找到一个平衡点，对于可以开放的数据则应该秉承开放共享的态度，我国数据新闻行业建立开放共享的数据库势在必行。

三、加大数据新闻媒介融合力度

媒介融合本质上是一个媒介再造的过程。媒介融合首先是一个量的积累过程，是新媒介对旧媒介的改造和补救。新媒介在保留旧媒介的某些属性的同时注入了新的元素，使旧媒介得以延续，这是一个渐进和持续的过程，逐渐使两者取长补短，优势互补地实现融合。数据新闻作为一种新闻表现形式，其未来发展方向也可以朝着成为一种媒介、一种搭建在数据与读者之间的桥梁的形式。现阶段的数据新闻大多依托新媒体平台，如微信、微博、新闻客户端，但事实上数据新闻本身也是可以成为一种新的媒介载体的，在2020年1月由“丁香医生”推出的“疫情地图数据新闻”中，数据新闻不但承担了新闻报道的功能，也承载了众多受众对疫情的关注与评论，甚至还引发了大规模的转发，不得不说这是一种新的尝试，也是未来数据新闻媒介融合的趋势。

（一）多平台立体传播

在新媒体时代，以某种媒体为主的单打独斗是难以为继的，不同平台有各自的优劣势。PC（个人计算机）端和移动端的媒介属性完全不同，可以发挥各自的优势为数据新闻的传播增加时间、空间的广度和跨度。

为了扩大数据新闻的传播效果和影响力，促进数据新闻良性发展，在制作和传播过程中也应考虑到不同传播端的兼容和平台特征。如在 PC 端则需考虑数据新闻的质量和分辨率，在移动端应考虑数据新闻的社交属性和互动性，以及对移动设备的适应，所以数据新闻编辑不仅要充分展现数据新闻的特征，也要考虑到不同设备端的匹配。

（二）鼓励受众自传播

数据新闻团队在制作数据新闻时，不仅要通过丰富多样的形式来赢得受众的喜爱，提高二次传播率，也需要维系一级传播中的原有用户，只有一级用户更加重视转发传播，那么传播效果才会更好，如微博传播链，在新媒体的传播中，当关键点的用户进行转发传播时，往往可以打造立体的多级传播模式，拓宽传播路径。这不仅需要传播主体做好传播工作，也要鼓励受众自觉自发地参与到传播活动当中来，在新媒体平台中，意见领袖往往可以影响传播路径的级层传播，甚至可以促使传播迎来几次高潮，受众在自传播的过程中也会扮演一个非常重要的角色。

四、充分满足受众使用需求

（一）契合受众习惯

契合受众的口味，要从选题和可视化形式方面尽可能地契合受众的习惯，尽量选择受众喜欢的话题和热点，这样可以让受众更加关注数据新闻；也应在互动和反馈上给予受众和传统媒体不同的感受，做到有问必答，有评必回，这样会增加受众与数据新闻栏目的亲近感，从而养成受众新的阅读习惯。

（二）建立自有数据库

数据是数据新闻的核心，目前众多数据新闻栏目大多没有自有数据库，数据来源于公开数据，但我国的数据开放程度远达不到数据新闻的使用和受众的需求。数据新闻团队需建立自有数据库，在搜集数据的同时，也要与一些大数据公司进行合作，如在消费领域与阿里巴巴进行合作，在社交领域与新浪、腾讯进行合作等。同时也应完善自身数据技术，从搜集上采用传统与人工智能相结合，利用好爬虫等新技术，获取最新数据；在存储上也应与云技术公司进行合作，搭建自有云存储数据库，方便后续数据新闻的制作和使用。

在数据新闻中，经常出现横纵维度的数据对比，建立自有数据库不但可以使用即时数据，也可以与过去数据进行对比，产生新的数据新闻。

第七章　移动互联网背景下移动短视频新闻传播研究

第一节　移动互联网的兴起与传播特点

移动互联网并不是凭空制造的，而是传统互联网的延伸，是随着移动通信技术的成熟逐渐发展起来的。

一、移动互联网的兴起

移动互联网的兴起首先要从互联网的产生和发展说起，之后便是移动终端的产生和发展带动移动互联网发展。

（一）互联网的产生和发展

从 1969 年至今，互联网兴起和发展已经走过了近半个多世纪，人们已经很难想象失去互联网的世界会是一个什么样子，如今的人们也已经不能想象在互联网诞生之前的人类生活，除非我们能够穿越回到以前，亲身体会一下当时的生活。最初的计算机网络是美国军方的阿帕网（ARPA），后来慢慢发展成为我们今天使用的互联网，移动通信设备产生以后，互联网又与其结合形成了如今的移动互联网。

1989 年，发生了一个互联网普及应用的重大事件，欧洲粒子物理研究所提出了 World Wide Web——基于超文本协议，而后以比尔·盖茨为首的微软公司全面进入浏览器、服务器和互联网服务提供商市场的转变，尤其是微软的 Windows 系统的成功和普及，使得互联网迅速发展壮大，成为全球性的网络。

如今，互联网已经成为中国经济增长最快的领域之一，有数据显示，中国目前网民所占人口比重为 76.4%，这其中有 10.47 亿的移动互联网用户。单从数据来看，中国的移动互联网发展已经进入一个前所未有的大繁荣阶段。

时下人们常将移动互联网直接理解为“4G”和“5G”，这里的“G”是英文“generation”的首字母，代表的是安装在手机等移动终端中的能支持蜂窝网络的移动技术，从模拟制式手机（1G）到第二代数字手机（2G），如今已经发展到了 5G，网速变得越来越快，通话质量也在逐步提高。

近年来，中国移动互联网依托中国庞大的市场需求，走出了一条具有中国特色的发展道路，网民规模稳步增长，移动互联网产业持续发展，社交网络的兴起与普及等趋势已经让中国移动互联网的发展与世界同步。

（二）移动终端的产生与普及使用

互联网是信息的一个传播媒体，但是信息要让受众接收还需要一个媒介载体来把信息呈现出来，这就是计算机以及其他终端需要完成的任务。正是由于计算机的发明和普及应用为互联网的产生和发展提供了前提和基础。

移动互联网作为互联网的延伸，其接收终端自然也是计算机的延伸发展，如今，接收终端的小型化、移动化、智能化、集成化已经成为基本发展趋势，也就是人们所说的智能移动终端。随着移动互联网的飞速发展，移动终端正在从单纯的通话工具变为一个功能强大的综合信息接收和处理工具。

1973 年马丁库帕发明了手机，2002 年，微软公司提出“平板电脑”的概念，2010 年苹果公司发布了划时代产品 iPad，一直到今天，基于苹果的 IOS 系统、谷歌的 Android 系统以及微软的 Windows 系统的智能手机和平板电脑已经成为最主要的移动终端形态。

移动互联网发展需要庞大数量的客户支持，客户需要通过移动终端产品来和移动互联网进行连接，所以移动互联网和移动终端就像是“鱼和水”的关系，相辅相成，共同发展，移动终端的迅猛发展也必将带来整个移动互联网产业的迅猛发展。

二、移动互联网的传播特性

移动互联网的普及应用已经给人们的生活带来了前所未有的影响，其传播特性也区别于传统媒体，现将其传播特性总结为四个方面。

（一）受众广泛移动性

每个媒体都会想尽办法覆盖更多的受众，移动互联网也不例外，这里所说的受众是通过移动终端访问移动互联网的用户。移动互联网作为互联网的延伸，其受众的范围几乎涵盖了所有的传统网民群体，据国家互联网信息中心 2020 年 7 月发布的《中国移动互联网发展报告（2020）》中的数据显示，截至 2019 年 12 月底，我国 4G 用户总数达到 12. 8 亿户，占移动电话用户总数的 80. 1%，这说明移动终端已经超越传统 PC 成为第一上网终端，而且我国手机网民整体普遍年轻化。已有和潜在的受众数量决定了媒体的竞争力，移动互联网作为一个已经覆盖全国人口三分之一而且受众数量还在不断迅速增长的媒体，已经足够说明其受众资源之广泛，这个是传统媒体无法比拟的，即使是互联网上访问量最大的网站，也很难做到拥有这样庞大的受众群体。

通过数据不难看出，受众群体的广泛性保证了移动互联网的信息传播的广泛性。移动终端的普及使得用户可以在个人位置移动的过程中进行信息传播，这也是移动互联网传播与传统互联网传播最根本的区别。深处移动互联网时代的人们，像手机这样的典型移动终端已经成为必不可少的生活用品，而且手机的发展与移动互联网恰恰是相互促进的，移动互联网给手机带来更多更丰富的功能，手机也为移动互联网的广泛传播带来的可能。时下的手机和平板电脑随着硬件的升级与软件的增加，开始逐渐成为手中的“万事通”，三星、苹果、诺基亚、华为等众多国际知名品牌，每推出一款新的旗舰手机，动辄全球卖出千万台以上，可见人们对移动终端的热情。尤其是对追求时尚潮流的年轻人来说，优美的外形设计加之舒适的操控体验，使得智能手机成为时尚达人的必备潮品之一，各种“街机”“神器”也应需而出，移动终端的类型也在迎合不同年龄段不同文化背景的人群的需求方面做了应有的设计，在保证其商业目的的同时，扩大了移动互联网的受众群体，受众传播的移动性也逐渐加强，移动互联网的受众广泛性也就越加得以显现。

以手机为例，人们之所以运用手机，起初，其最主要是为了移动通信。生活节奏越来越快的现代社会，人们很多时间是在从一个地方到另一个地方的路上，为了能随时随地方便地联系到对方，在没有移动互联网之前，人们只能通过移动通信网络进行电话和短信联系，当互联网出现以后，其迅速与移动通信相结合，从 Wap 网络到 5G 网络，手机也从黑白屏幕到了彩屏又到了现在的HD屏幕，功能也从单一的通话到了如今的掌上电脑，即使人们在深山老林，只要有移动网络信号，依旧能保证人们与世界保持最近的联系，“地球村”就这样变得更小了。

（二）传播即时准确性

说到移动互联网传播的及时性特点，就不得不提移动终端的最大特点——高度的便携性和贴身性。移动终端的小型化、集成化使得其实现了随身贴身，在媒体塑造的注意力经济的社会中，能迅速传播并且抓住受众的眼球是如今媒体和商家甚至是个人都竞相追逐的手段。手机这样的移动终端可以使人们在车站、机场、地铁站、公交车上甚至吃饭睡觉的任何时候任何地点，随时接入移动互联网获取最新的信息，这既填补了受众的零散时间，又可以保证信息在任何时空的及时传播。

国内外的学者都已经对可能产生的变革做了预测和分析，而且在今天大都已经成为现实。

移动互联网作为互联网的延伸，自然会继承网络传播的快捷性特点，可以快速地传播信息而不受印刷、制播、发行等因素的限制，可以瞬间将信息传给受众，在此基础上，借助移动终端，移动互联网做到了“发布即接收”“发布即传播”的“即时效应”。既摆脱了传统媒体的信息延迟性，又避免了互联网的接入限制和设备限制。真正做到了快速传播、时效性强、不受时空限制，而且针对不同受众做到精准传播，这一个传播特性对以时效性、准确性为生命的新闻媒体尤其重要。

毫无疑问，移动互联网在传播即时性方面的优势已经十分明显，不用翻阅报纸查看昨天的消息，也不用打开电脑电视就能第一时间浏览最新的消息，这一切只需要有一台移动终端并且顺利接入移动互联网即可实现。特别是在遇到突发状况，比如地震、火灾、水灾等灾害的时候，移动互联网的传播即时性更是发挥了任何媒体都无法替代的作用。在灾害面前，由于种种原因，传统的通信方式可能无法做到可靠的通信，相比之下，移动互联网更加安全可靠而且更加快速，尤其是在即时通信软件 App 流行使用的今天，微信、微博就是其中最典型的案例。

（三）个人私密互动性

互联网的出现，彻底打破了传统媒体权威的单向传播模式，消解了传统大众传播理念中传播者和接收者之间的区分界限，实现了传、收双方的互动传输，传播者与接收者之间的概念已经变得越来越模糊，传播者在一定程度上也是接收者，接收者也可以作为传播者将信息继续传播下去或者回复给传播者。这种双向交流不仅可以使接收者自主地选择所需信息，也让接收者本身参与到了信息传播过程当中。

互动性是网络媒体与传统媒体最大的区别之一，移动互联网让网络媒体这一特性变得更加丰富，基于移动终端的移动互联网不仅可以实现单向传播，还可以实现双向甚至多向传播。传统媒体的单向传播性较强，直接导致了受众对信息的反馈滞后、延迟，严重缺乏信息交互。

与传统电视网“一对多”的传播方式相比，移动互联网是一种“多对多”的传播系统。基于移动终端的移动互联网正体现了这一特点，因此，移动互联网不仅给用户发送所需要的信息，还可以实现实时追踪、材料收集、用户调查、受众评论等诸多功能，为受众提供更多便利服务，实现更迅速深层次的互动。

这种互动性使得移动互联网传播成为最个性化的传播方式，凸显出个人化和人性化的优势。美国媒介理论家保罗莱文森提出了媒介演化的“人性化趋势”理论，他认为，人类技术发展是在模仿甚至复制人体的某些功能，是在模仿或复制人的感知模式和认知模式，并且认为任何一种后继的媒介都是一种补救措施，都是对过去的某一种媒介或某一种先天不足的功能的补救和补偿。换言之，人类的技术将会越来越完美，越来越“人性化”。每个人自己的生活都存在私密的内容，不想被别人发现的部分，移动终端保证了信息在传播过程中的私密性，选择性地公开自己想让别人看到的内容，而不是像传统互联网一样将自己的全部暴露在别人的视野范围内。

作为网络媒体的延伸，移动互联网在很多方面解决了传统媒体的不足，彰显了人性化特点。

不像传统媒体那样把媒体和接收者分离开来，移动终端慢慢的已经融入人们生活的各个方面，移动互联网也逐渐成了接收者不可或缺的组成部分，这也是麦克卢汉在《理解媒介：人的延伸》一书中提出的“媒介即人的延伸”的理念的直接阐释。

三、多媒体传播特性

纸媒只能通过图片和文字将信息传播给受众，广播只能通过声音以点对面的方式将信息传播出去，电视虽然实现了声音图像文字的立体传播，但受到空间限制，仅仅局限在有电视的空间，不能保证信息的即时性，缺乏互动。以上这些传统媒体的传播方式受到种种局限，造成了信息传播过程中的不便，网络媒体的出现，在一定程度上解决了这些问题，但是真正实现多媒体全方位传播的媒体非移动互联网莫属。

移动互联网以其传统媒体无法比拟的优越特性，尤其是智能移动终端的强大功能，使其既可以有图片、文字的基本信息传播，还可以结合语音、视频以及其他的交互方式进行信息传播，交互性大大提高，实时性更是做到了即时传播。人们对信息形态的需求是由人的感官特点决定的，人类有视觉、听觉、嗅觉和触觉，现在的信息可以满足人们对视觉和听觉的需求，在嗅觉和触觉方面，相信随着科技的发展，也会实现，到时候我们看到一个图片，还可以闻到它的味道，然后切实地感受到它的质地，这样的多媒体信息传播就真正全方位满足了人类的感官需求。

第二节 移动短视频的发展及其传播特征

一、移动短视频的发展现状

（一）社交领域率先发力，抢占先机

移动短视频应用在国内的兴起主要借鉴了国外的实践经验，社交领域率先发力，抢占先机。在2013年，社交领域巨头腾讯公司在9月28日推出了社交性的移动短视频应用微视，叩开了移动短视频应用通向国内市场的大门。微视一经上线便在社交领域崭露头角，在2013年至2014年这一年的时间里，用户量就达到了两千万，通过社交绑定，刺激年轻用户的使用，打造活力四射的网络社区氛围。因而此时移动短视频被赋予了强大的社交属性，这也得益于以腾讯为代表的社交领域的巨大用户量。从此移动短视频开始流传于移动互联网，随手拍、随时拍成为一种潮流，而网络社交也由传统的图文社交转变为现如今的移动短视频社交。在移动短视频应用推广的过程中，也极大地借力于粉丝效应，通过明星入驻移动短视频应用和打造网红的方式，将移动短视频应用借助粉丝的参与推广开来，为日后移动短视频的应用发展奠定了基础。

（二）应用软件的推陈出新引发移动短视频的爆发式增长

微视的成功强烈地刺激了国内媒体市场，商业资本迅速进场，通过技

术革新对移动短视频应用进行深度开发，希望通过移动短视频应用的推陈出新俘获用户，迅速占领市场。在这一过程中，除了微视所开辟出的移动短视频应用的社交属性外，大量的移动短视频应用开始针对工具属性进行开发。例如新浪微博于2013年12月推出的秒拍和美图公司于2014年4月上线的美拍，都在移动短视频应用的工具属性上下了大功夫，开发出一键美化的功能，通过滤镜、特效、字幕、音效的添加，以及视频模板的应用，在女性市场掀起了移动短视频热潮。由此，移动短视频拍摄的简便化成为一种趋势。不仅如此，秒拍、美拍等移动短视频应用还开发出一键分享的功能，强化了移动短视频的社交属性。可以说秒拍、美拍等移动短视频应用在工具属性的大力开发，将移动短视频的生产和传播变得更为便捷和智能，因此也为用户自主生产提供了可能。从此大量的用户开始加入移动短视频内容生产的行列，内容生产者的激增也带来了移动短视频的爆发式增长，一时间，移动短视频成为内容创业的风口，移动短视频的内容也呈现出多样新，从最早的以娱乐性内容为主发展为各领域遍地开花的繁荣景态。

（三）内容不断整合分化，加速与新闻行业的深度融合

移动短视频行业在各大移动互联网巨头的推动下得到爆发式增长，行业呈现出一片繁华景象。但繁华的背后是各种媒体势力的角逐和竞争，竞争就是一个优胜劣汰的过程。因而若想在移动短视频行业站住脚跟就要创新，移动短视频的创新主要体现在内容上。在移动短视频行业发展初期，移动短视频内容多为泛娱乐化的内容，因为在娱乐至上、全民娱乐的时代，当人们每天都要面对巨大的社会压力的同时，唯有充满趣味性和娱乐化的内容能够吸引用户观看。在对2019年第四季度秒拍的移动短视频播放量的统计中，搞笑内容占了36%，涉及娱乐明星的内容占了45%。

而移动短视频行业的发展使得内容竞争愈加激烈，同质化现象极为严重，用户不再为泛娱乐化的内容买单。这就促使移动短视频在内容上进行创新，内容不断整合分化并在垂直领域上不断深化，由移动短视频的广泛传播转变为分众传播，将内容生产精准定位。由此，移动短视频开始涉足各种领域，如音乐、美食、资讯等。

移动短视频在内容上所呈现的横向跨领域和纵向垂直深入的趋势日益明显，而这种趋势也渐渐蔓延至新闻行业。移动短视频使用门槛低和传播即时便捷的特点促使大量的用户加入移动短视频的创作中，而记录生活已然成为趋势，这也让每一个人都能够成为新闻现场的记录者。可以说移动短视频为我国新闻行业带来了巨大的冲击，但面对巨大冲击，我国新闻行业开始尝试转型发展，在移动短视频领域找到新的发展机遇，努力尝试与移动短视频深度融合，变挑战为机遇，化危机为希望，促成我国新闻行业的转型升级。

二、移动短视频的特征

（一）使用门槛低、形式多样，突显个性化表达

传统长视频的生产较为复杂，生产者需具备摄像机、录像机、单反等专业拍摄设备，甚至有的传统长视频的生产，如电影、电视剧的拍摄，还需影棚、轨道、摇臂等设施。这些都属于较为昂贵的硬件设施，因而传统长视频的硬件成本较高。除此之外，传统长视频的剪辑也需专业剪辑软件，如非线性剪辑软件 EDIUS、索贝等。这些剪辑软件较为复杂，需要有专业剪辑人员进行操作。这些无形当中也增加了传统长视频的软件和人工成本。由此可以看出，传统长视频的使用门槛极高，这也是传统长视频的生产权大多聚拢于专业媒体机构的原因之一。与传统长视频相比，移动短视频的

使用门槛较低。从硬件设施来看，移动短视频的拍摄仅需一部手机就可以搞定，当然，这得益于以手机为代表的移动智能终端的快速发展。手机作为移动短视频的拍摄设备，更为简单、智能，而且手机像素也在不断提升，逐渐与传统长视频持平。从软件设施的角度分析，移动短视频的剪辑无需专业非线性剪辑软件，现如今很多移动短视频应用都自带智能剪辑，一键添加字幕、音效、特效等，还可以对视频进行美化。这些移动短视频应用软件操作起来也极为简单，因而大大降低了移动短视频的使用门槛。从人工方面来说，人人都可以拍摄移动短视频，人人也都可以剪辑移动短视频，用户可以随时随地生产移动短视频，这也促使移动短视频的生产权下放。从硬件、软件、人工这三方面来看，移动短视频相比于传统长视频而言，使用门槛都大大降低了。使用门槛的降低也带来了生产的爆发式增长，越来越多的用户加入移动短视频的生产队伍中。而用户彼此之间的创作意图不为一致，加之移动短视频应用所提供的拍摄模板、美化方式、剪辑所用的字幕、特效以及音效的不同，种种作用在一起，使得移动短视频具备了形式多样的特征。形式多样则赋予了移动短视频更广阔的表达空间，用户可以通过多样化的拍摄思路、拍摄手法、剪辑模板等进行个性化表达。移动短视频的个性化表达的特征也终将反哺移动短视频，促使移动短视频能够吸引更多用户，激发用户的使用热情，满足用户的使用需求，从而推动移动短视频的发展。

（二）内容轻量化、随意拼接，符合碎片化阅读

传统长视频的视频时长较长，多以分钟计数，且最少也都是 10 分钟以上，而移动短视频的视频时长较短，在移动短视频的概念界定中可知，移动短视频多以秒计数，时长大多在 5 分钟以内。而视频时长的差异也决定了内容容量的变化。移动短视频在内容上做了减法，实现内容轻量化。但移

动短视频的素材更为多元，字幕、特效、音效、动画的应用更为频繁，且某些移动短视频应用就可以实现移动短视频的加速剪辑。这些都提升了移动短视频在单位时间内的信息承载量，将内容表达得更为精细和具体。在传统长视频的拍摄和剪辑过程中，大多遵循特定的拍摄脚本和剪辑思路，因而内容有一定的连贯性。而移动短视频应用通过技术革新，实现了断点续传，这也促使移动短视频在拍摄和剪辑过程中，更为随意拼接。内容的轻量化和随意拼接，对传统长视频而言是一大忌，但对移动短视频而言，却是强大的推动力。在移动互联网时代，用户的生活和工作时间极为紧凑，这也导致生活和工作紧密相连。很多时候人们难以区分何时在工作，何时要生活。这种零散、紧凑的时间规律被称为碎片化时间，而在碎片化时间的影响下，用户的阅读习惯也随之呈现碎片化。用户不再将目光长时间停留一处，而是更倾向于进行短时间、碎片化阅读。而移动短视频的内容轻量化和随意拼接，恰好符合了用户的碎片化阅读习惯。

（三）传播更便捷、即时分享，强化社交互动性

传统长视频由于时长长，制作复杂，因而传播的过程也较为烦琐。而移动短视频的传播则显得更为便捷，这得益于移动短视频应用和社交媒体的发展。移动短视频自生产制作完成后，可以上传至移动短视频应用供其他用户观看，也可以通过移动短视频应用进行一键分享至社交媒体。例如秒拍，就可以一键分享至QQ、微信、微博等社交媒体，从而实现跨平台传播，相比于传统长视频上传至电视、电脑等大型媒体平台所耗时间和所需成本以及无法即时分享和跨屏观看而言，移动短视频的传播更为便捷和即时。移动短视频传播的便捷性和即时分享也强化了移动短视频的社交互动性。传统长视频在传播上呈现出单向性，比如电影在制作完成后，仅能通过电影院或者电视和网站进行单向性传播，无法实现跨屏观看、跨平台互

动传播。而移动短视频则打破了这种单向性传播，呈现出多向互动传播，这得益于移动短视频较强的社交互动性。移动短视频的社交互动性可以体现在移动短视频的点赞、转发、评论、收藏等功能上，用户在观看移动短视频的过程中，可以通过点赞和收藏与生产者进行浅层互动，而后通过评论的功能可以与生产者和其他用户进行深层互动，从而拓宽用户的表达和交流空间。而社交媒体的不断演变和迅猛发展，为移动短视频打造了新型传播渠道，为万千移动短视频提供了更为自由的传播空间。用户则可以通过转发的功能，将移动短视频分享至社交媒体，进行多向传播。由此可见，移动短视频具有较强的社交互动性，且这种社交互动性也满足了用户表达和交流的需求，打破了传统长视频所划定的传受双方的角色定位，实现了去中心化传播。

第三节　移动短视频对新闻生产及传播机制的变革

一、移动短视频对新闻生产的变革

（一）新闻生产流程的变革

1. 新闻采集流程：助 UGC 内容上浮与评估

在传统新闻生产中，新闻信息的采集主要依靠专业新闻记者完成，专业新闻记者依据事先确定的新闻选题，通过现场采访报道的方式进行新闻采集，但由于很多突发性事件转瞬即逝，专业新闻记者无法第一时间赶到新闻现场，因而新闻素材往往缺失，仅能通过后续采访等方式进行新闻素材的补充完善。随着移动短视频在新闻生产中的运用，其使用门槛低、传播便捷即时的特点凸显，用户可以随时随地随手拍。大量用户拿起手机加入新闻生产队伍中，成为UGC（用户生产内容）内容生产的主体。UGC的出现扩宽了新闻采集的宽度和广度，弥补了专业新闻记者在新闻现场的缺位，丰富了新闻素材。但相较于专业新闻记者而言，UGC所采集的新闻信息较为粗劣，新闻价值有待提升，其中不乏许多虚假新闻。如若对所有UGC内容都加以运用，则会造成新闻信息的泛滥和虚假新闻的出现。因而新闻媒体为了有效利用UGC新闻内容，对传统新闻采集流程进行了变革，通过建立call－center和评估中心，对UGC内容进行上浮与评估。call－center也就是呼叫中心，当UGC所采集的内容上传到网络中时，call－center会将用户所采集的新闻进行推送，在推送的过程中可以有助于UGC内容的上浮。面对海量的UGC新闻素材，新闻媒体通过建立评估中心，对新闻价值进行评估和筛选，将最具新闻价值的UGC内容进行二次推送。此时专业新闻记者可凭借评估中心所选取的新闻信息进行二次加工，从而生产出更专业的新闻内容。现如今多种新闻媒体都在新闻采集流程中加入了call－center和评估中心，例如梨视频在全国各地建立拍客系统，拍客所上传的新闻信息就是通过call－center进行上浮，而梨视频的拍客一天所能上传的新闻信息高达几万条，这就需要评估中心进行新闻价值的评估。评估后的新闻信息则可以通过专业新闻记者的二次加工进入用户视野。可以说，移动短视频对新闻采集流程的变革有助于丰富新闻素材，并且能够高效利用新闻素材，不但做到平衡PGC（专业生产内容）和UGC，而且能够在采集环节进行把关，有效控制虚假新闻的产生。

2. 新闻加工流程：打造全媒体新闻中心

在传统新闻生产流程中，新闻加工流程相对单一，即一个新闻媒体凭借单一的媒介进行新闻生产。如报社在新闻加工过程中，仅将所采集的新闻素材进行文字创作，形成新闻稿，配合图片在报纸上呈现，而电视台则将所采集的新闻素材进行可视化呈现，通过视频的形态发布于电视上即可。由此可以看出，传统新闻生产过程中的新闻加工流程相对单一，不同新闻介质则采用不同的新闻加工方式。媒体融合时代打破了这种单一的新闻加工流程，特别是传统新闻媒体在移动短视频这种新媒体的冲击下进行转型升级，开始尝试同一新闻媒体多媒介加工的方式。在新闻加工流程中打造全媒体新闻中心，将新闻采集流程中所形成的素材库进行整合，按照不同的新闻产品定位进行新闻素材的分发和加工。以《新京报》为例，《新京报》通过建立专业的全媒体新闻中心，将所采集的新闻素材进行整合以及重新分配，通过不同的新闻产品进行加工，有的新闻素材适合通过图文加工呈现在报纸上，而有的则适合通过可视化呈现，以移动短视频的形式发布于《新京报》的"我们视频"上。这种全媒体中心的建立有助于整合新闻资源，依据不同媒介的特点和不同的用户实现精准的新闻生产，制作出更为精细化和分众化的新闻内容，从而真正实现从传统新闻媒体向全媒体的转型。全媒体中心的打造也有助于专业新闻记者的转型，将专业新闻记者打造成集采、录、编于一体的全媒体新闻记者。全媒体中心的建立还可以打通新闻媒体内的各个部分，使不同组织部门间加强交流与合作，从以往的部门单兵作战转变为组织内全体部门协同作战，有利于新闻媒体走向集团化。

从新闻采集流程与新闻加工流程的变革中可以得出，移动短视频对新闻生产流程产生了变革，通过对生产流程的再造，将以往不同媒介相互割据以及组织内不同部分相互隔离的情形转变为一种相对完整、相互协作、首尾相接的闭合状态，促使新闻媒体在媒介融合的浪潮中实现重生。

（二）新闻生产主体的变革

UGC 与 PGC 的协同共生对于传统新闻生产而言，新闻生产权紧紧攥于传统新闻媒体手中，而新闻生产主体毫无疑问当属专业新闻记者。因而可以说传统新闻生产过程中新闻生产主体以 PGC 为主，这是由媒介技术所决定的。无论是报纸、广播还是电视新闻的生产都需要较为专业的硬件与软件设施和较为专业的人才，可以说新闻生产成本极高。以电视新闻为例，在电视新闻生产的过程中，硬件设施包括摄像机、录像机、录音设备等，而软件设施包括非线性剪辑软件、后期包装软件等，这些硬件和软件设施都相对昂贵且复杂，需要有资金的支持和专业人员的操作，而在人力方面，除了对硬件和软件设施操作的专业人员外，还需要具备新闻素养的专业新闻记者进行新闻的采集和加工。因而新闻生产成本就决定了新闻生产权的归属。私人办报、私人电台甚至私人电视台虽然曾经出现过，但是大多都在竞争中走向了衰败。移动短视频的出现却改变了这一现状，移动短视频制作的简单、快捷大大降低了新闻生产成本。与传统新闻生产相比，利用移动短视频报道新闻并不需要昂贵且专业的硬件设施，一部手机就可以轻装上阵。在剪辑方面，移动短视频应用在工具属性的挖掘上为智能剪辑提供了可能。字幕、音效、转场、特效都可以做到智能添加，从而减少了在软件设施上的投入。因为移动短视频时长短，因而在拍摄过程中无需过多专业技巧，只需要保证真实客观的记录，且能够全面地呈现新闻现场即可。这些技术上的革新促使人人都能够成为新闻生产主体，加入新闻生产队伍中，以新闻现场目击者的身份报道新闻。这也就催生了 UGC 生产新闻内容，新闻生产呈现出众声喧哗的景象，新闻话语权与生产权从传统媒介手中解放出来，用户从被动地接受新闻成长为主动地生产新闻。无论是 PC 端向移动端的迁移，还是大屏到小屏的转换，种种技术隔阂和障碍的突破都在刺激着用户参与的意愿，鼓励用户利用身边的智能设备进行新闻生产。UGC 的出现毫无疑问是对新闻生产权利的极大下放以及对新闻内容层面的无限延伸。但 UGC 与 PGC 在新闻生产的方式、方法、视角等都不一致，相较于 PGC 而言，UGC 在突发性新闻事件中更显优势。现如今社会处于信息爆炸的时代，面对海量新闻信息，专业新闻记者无法保证总能够在第一时间获取，甚至是到新闻现场进行现场采集。而 UGC 却能够在突发新闻事件中发挥作用，用户可以运用手机在新闻现场拍摄移动短视频，将转瞬即逝的新闻现场进行抓取，时效性是 UGC 新闻价值的关键。

UGC 虽然在突发性新闻事件的报道中崭露头角，却始终无法替代 PGC，这是由于大量的 UGC 缺乏专业新闻素养，所生产的新闻信息真假难辨、良莠不齐，在新闻信息量增多的同时，虚假新闻、同质化新闻等也充斥网络。并且 UGC 虽然能够在新闻现场做到同步记录，但是无法深度探寻新闻事实，缺乏新闻调查能力，新闻深度和广度都无法与 PGC 相提并论。而 PGC 凭借所拥有的专业新闻素养、丰富的业界经验以及高效的新闻资源，依然在新闻生产中占据主导地位。因而如何权衡 UGC 和 PGC 在新闻生产主体中所占的比例成为关键，而较多的新闻媒体都采用 UGC 与 PGC 协同共生的方式进行新闻生产。以梨视频为例，梨视频在全国各地建立了庞大的拍客系统，通过鼓励拍客上传的方法促使 UGC 内容的上浮。call - center 呼叫中心，就是协助 UGC 内容上浮的一种手段。而专业新闻记者则通过对 UGC 所生产的新闻内容进行筛选、验证，从而进行二次加工。由于很多 UGC 所生产的新闻信息存在新闻事实不明和新闻元素缺失的现象，因而在二次加工的过程中，PGC 主要的工作就是对新闻事实进行取证，可以通过现场走访的方式进行验证，以此保证新闻的真实性，而新闻元素的缺失则可以通过后期采访、添加视频或图文以及添加字幕等多种形式进行补充。经过 UGC 与 PGC 的协同生产，将真实、搞笑的新闻报道呈现在用户面前。因而可以说移动短视频对新闻生产主体进行了变革，新闻生产主体由 PGC 变为了 UGC 和 PGC 协同共生。

（三）专业新闻记者转型升级

移动短视频对新闻生产流程的变革中产生了全媒体新闻中心，而全媒体新闻中心的出现也促使专业新闻记者由单介质记者向全媒体记者升级。在传统新闻生产中，专业新闻记者具有一定的针对性和单介质，比如广播新闻的生产由广播记者完成，以报纸为代表的纸媒新闻的生产则由专业的文字记者完成，文字记者只需完成新闻稿件的写作和新闻图片的拍摄即可。电视新闻的生产则由专业的电视新闻记者完成。这是由于传统新闻生产中新闻媒介相互割据，而随着媒介技术的进步，移动短视频的出现将新闻媒介进行空间上的整合，并在新闻生产流程中加入了全媒体新闻中心的概念。以往的单介质新闻记者无法满足全媒体新闻报道的需要，因而专业新闻记者必然要转型升级。在这种特定需求下，更为全能的全媒体新闻记者在新闻生产主体中占据优势。全媒体新闻记者即将采、写、摄、录、编等多种技能集于一身，在全媒体新闻中心的指挥下，对新闻素材进行筛选和加工，依据不同的新闻媒介属性生产不同的新闻产品。移动短视频包含了文字、图片、视频、动画等多种信息元素，且移动短视频的生产多于移动端完成，因而全媒体新闻记者既要有文字功底，也要有视频处理能力，除了掌握传统新闻生产能力外，还需学会用手机等移动智能终端采集和上传新闻。新华社作为传统新闻媒体在媒体融合的道路上逐渐深入，为了打造深度融合，新华社推出了“现场云”这一新闻服务产品，尝试完善新闻记者的在线生产。“现场云”作为一个新闻服务平台，可以为新闻记者提供一站式新闻生产服务，简单来说，新闻记者可以通过移动智能终端进行新闻素材的同步采集与上传，编辑则可对新闻素材实现同时在线编发，从而形成更高时效的新闻报道。“现场云”的出现推动了专业记者的转型，对新闻生产流程的变革也起到了突破效果。专业新闻记者除了由单介质向全媒体升级外，还需要有效平衡 UGC 的冲击，UGC 通过生产新闻类移动短视频广泛参与新闻报道中，虽然为新闻素材的采集创造了更宽松的坏境外，也在一定程度上弱化了专业新闻记者的能力。专业新闻记者若想占据新闻生产主体地位，除了要实现向全媒体记者转型外，还要能够对 UGC 所生产的新闻信息进行二次加工。专业新闻记者应凭借专业的新闻素养和丰富的工作经验对 UGC 生产的新闻信息进行筛选、验证，选出更为真实、客观且更具新闻价值的新闻信息进行二次加工。在二次加工的过程中，要讲求对缺失的新闻元素进行补充，并能够通过专业制作将 UGC 的内容融入具有自身新闻产品定位的新闻信息中。例如《新京报》的“我们视频”中，专业新闻记者则可以通过添加字幕、后期采访以及拍摄现场视频等形式对 UGC 采集的新闻信息进行补充，并形成统一的“我们视频”的新闻产品风格，让用户能够在获取真实有效的新闻信息的同时，还可以对新闻产品的品牌有一定的辨识度，从而增强“我们视频”的用户黏度。由此可以看出，PGC 想要在平衡 UGC 的同时还能够占据生产主体的主导地位，就要在新闻采集、拍摄、制作等全方面提高自身要求，唯有如此，才能在 UGC 井喷式发展中为用户持续生产出更高质量的新闻内容。

二、移动短视频对新闻传播机制的变革

（一）新闻发布机制的变革

1. 高度中心化向去中心化变革的新闻发布机制

对于传统新闻报道而言，新闻信息的传播主体即为传统新闻媒体机构，新闻信息的传播权与生产权合二为一，这是技术条件的限制所带来的信息资源垄断。传统新闻信息的传播主要以大众传播为主，而报纸、电视等传统新闻媒体则是传统的大众传播渠道，而传统新闻媒体机构则以传播者的

角色决定着何种新闻得以进入大众传播渠道，在此过程中，传统新闻媒体机构则成为大众传播的权力中心，而用户只能以新闻信息的接收者的身份而存在。以报纸为例，大规模生产与传播报纸的成本较高，所以报纸的生产权与传播权较为一致，共同归属于传统报业集团，用户仅能够通过阅读报纸而接收新闻信息。由此可见传统新闻传播的过程是单向性的，新闻信息的发布权是高度集中的，传播者与接收者的角色是相对固定的。如果将用户形象化为点而存在的话，那传统新闻媒体机构则是一个相对高度中心化的点，传统新闻信息的传播过程则是一点对多点式的，由此可见，传统新闻发布机制也是高度中心化的。

传统新闻媒体机构以高度中心化的主导地位引导着传统新闻信息的传播，在这种高度中心化的新闻发布机制的作用下，用户只能被动地接收传统新闻媒体机构所设置的新闻议程，因而可选择性较小。但在移动互联网时代，这种根深蒂固的传播机制被打破，技术的进步使得传统新闻媒体机构的垄断地位不复存在。特别是移动短视频的出现，更是完全颠覆了以往的高度中心化的新闻发布机制。移动短视频生产的便捷性促使大量用户加入新闻生产的队伍中，用户可以运用移动终端自主生产新闻类移动短视频，而移动短视频的一键分享又为用户带来了传播的便利。技术的变革为用户赋权，新闻信息的发布权得到下放。曾处于新闻信息传播下游的用户以自媒体的身份一跃成为新闻信息的发布者。相比之下，曾凭借技术垄断和硬件设施的巨大投入而获得主导地位的传统新闻媒体机构却在自媒体的巨大冲击下，因未能迅速适应移动互联网络的用户需求而逐渐丧失主体地位，高度中心化的新闻发布机制产生了变革，取而代之的是去中心化的新闻发布机制。

去中心化的新闻发布机制带来的是多点对多点的传播模式，用户可以随时随地发布新闻信息，而这也极为符合移动互联网时代的移动化、碎片化的阅读习惯。用户不再局限于在特定时间接受传统新闻媒体发布新闻信息，而是可以在移动互联网上通过移动智能终端，更为灵活地获取新闻信息。去中心化的发布机制为新闻传播带来了新的生机与活力，新闻信息呈现出爆发式增长，新闻信息在移动互联网中大量存在，用户不再为无法获取更多的新闻而发愁，而变成了在新闻信息海洋中挑选具有新闻价值的信息而发愁。在传统新闻传播的过程中，传统新闻媒体具有议程设置的功能，而移动短视频的出现为每一个用户都赋予了话语权，这就需要传统新闻媒体在新闻传播的过程中能够扮演好意见领袖的角色，凭借新闻专业性为用户提供更有价值的新闻，做好新闻传播的把关人，通过优质的新闻内容引导社会舆论，为用户提供精准化的新闻推送才能在新闻信息浪潮中脱颖而出，从而站稳脚跟。对于用户而言，虽然获得了新闻信息的发布权，但更应该具备新闻专业素养，在进行新闻信息发布时，努力做到杜绝虚假新闻的发布，减少谣言的产生。

2. 去中心化向再中心化变革的新闻发布机制

移动短视频在新闻报道中的运用使得越来越多的用户以自媒体的身份加入新闻传播的过程中，成为新闻传播者。传统的高度中心化的新闻发布机制在移动短视频的作用下变革为去中心化的新闻发布机制。这一伟大变革使得每一个用户都可以自由地传播与接收新闻信息，传统新闻媒体机构的中心地位被颠覆。在传统新闻传播的过程中，新闻信息通过报纸、广播以及电视进行传播，而报纸、广播节目以及电视新闻节目的数量是一定的，因而新闻信息的数量也是一定的。在移动短视频这种新型媒介的作用下，新闻信息的生产者与传播者都出现了剧增的现象，这也使得新闻信息得到了爆发式的增长，由过去的一天几千条新闻信息变成一天上千万条新闻信息，这就带来了新闻信息的过度泛滥。在传统新闻传播过程中，用户的需求是获取更多的新闻，而在去中心化的新闻发布机制的作用下，这一需求发生了改变，用户更渴望在新闻信息的海洋中快速获得更有价值的新闻，因而如何使得有价值的新闻能够“浮出水面”成为当下亟待解决的问题。

现如今虽说新闻信息的总量在不断增加，用户被淹没在新闻信息的海洋中，但每天能够真正吸引用户注意力的仍是少量的新闻信息。由此可见，新闻信息的把关在新闻传播的过程中发挥了作用，而新闻信息的把关包括两个部分，一个是用户个人的新闻信息把关，用户每天接收的新闻信息很多，但经用户之手传播给他人的新闻信息必定是经过严格把关的，这一过程会将有价值的新闻信息挖掘出来，但对于整个新闻传播环境而言，用户个人的把关显得微不足道。新闻把关的第二个部分则是意见领袖的把关，面对海量的新闻信息，用户倾向于接受意见领袖的意见。在传统新闻报道过程中，意见领袖的声势往往被传统新闻媒体机构所打压，而随着移动短视频的出现，新闻信息的海量激增，用户越来越需要意见领袖提供更加客观全面的新闻信息，而在这一过程中，专业新闻媒体则扮演了意见领袖的角色。如梨视频平台上的“一条”和“二更”这两个自媒体团队，就是梨视频平台上的意见领袖，相较于平台中的其他新闻而言，用户更愿意接受“一条”和“二更”这些意见领袖所传播的新闻。随着粉丝量的增长，意见领袖的地位也越发突出，逐渐形成新的传播中心。意见领袖这一新的传播中心通过严格的把关和传播，将有价值的新闻信息从海量的新闻信息中剥离出来，传播给更多的用户，使得用户的注意力资源能够得到高效运用。由此可以看出，随着移动短视频在新闻行业的不断运用，新闻发布机制又发生了新的变革，由去中心化的新闻发布机制变革为再中心化的新闻发布机制。再中心化的新闻发布机制的形成是用户需求得以满足的体现，新闻发布机制的去中心化和再中心化其实就是新闻信息传播中心的解构和重构的过程。用户借助技术赋权的优势逐渐消失，最终新闻信息的发布权重新回到专业媒体机构手中，这是市场博弈后的必然结果。

（二）新闻分发机制的变革

1. 建立多元化的传播渠道打造多平台联合分发机制

传统新闻媒体的传播方式属于“自产自销”，即传统新闻媒体机构将所生产的新闻内容通过各自特定的传播渠道进行传播。传统报社将所生产的图文新闻通过报纸这一单一渠道进行传播，传统新闻广播站通过广播电台这一特定渠道将广播新闻传播给用户，传统电视台也是如此，通过电视将电视新闻进行传播。对于这些传统新闻媒体而言，传播渠道相对单一，不同的新闻媒体占据不同的传播渠道，相互之间不发生关联。对于用户而言，选择的空间更为狭小，仅能够通过选择不同的传播渠道从而选择接收不同的新闻信息。在这历史阶段，传统新闻媒体谈不上具备新闻分发机制。随着网络媒体的兴起，各种不同的传播渠道被打通，同一新闻信息可以通过不同的传播渠道进行传播，这才出现新闻分发机制。早期的新闻传播渠道建立得尚不完善，具有代表性的即是新闻门户网站、新闻客户端以及社交媒体等。新闻媒体机构可以通过建立门户网站、新闻客户端以及开设社交媒体账号的方式将所生产的新闻信息通过多个传播渠道进行分发。在此过程中，新闻媒体机构只是一股脑地将所生产的新闻内容在各个渠道进行投放，并没有经过精心的筛选，对于同一个新闻媒体机构而言，门户网站、新闻客户端以及其开设的社交账号上所分发的新闻内容都是一致的。由此可见，传统新闻媒体的新闻分发机制是在不同的传播渠道将全部新闻信息进行呈现，用户唯有自行选择所需要的新闻信息。

移动短视频这一新型媒介形态的出现，为新闻行业带来了无限的生机，移动短视频应用、视频媒体平台以及新闻资讯聚合平台层出不穷。不仅如此，社交媒体也开始不断推陈出新，微博、微信以及 QQ 等社交媒体通过技术革新将移动短视频的内容作了内嵌。以微博为例，在微博上有专门的视频专栏，可供媒体机构将新闻类移动短视频进行投放。这些媒体平台、移动短视频应用、新闻资讯聚合平台的出现以及社交媒体的推陈出新再一次丰富了新闻信息的传播渠道，且不同的传播渠道的特点更加鲜明。除此之外，移动短视频的出现使得新闻信息得到了爆发式增长，新闻媒体难以像从前一样将所生产的全部新闻信息不加选择地分发至各种传播渠道。

面对海量的新闻信息和更为多元的传播渠道，新闻媒体唯有依据不同的新闻信息以及各个传播渠道的特点，将所生产的新闻信息进行多平台联合分发。唯有如此，才能让所传播的新闻信息在信息海洋里脱颖而出，成为热点。

2. 智能算法推荐推动个性化分发机制的形成

传统的新闻分发机制是将全部的新闻信息一股脑地投放至不同的传播渠道中，对于用户而言，这种分发机制的本质是用户自主寻找新闻。移动短视频的出现让每一个用户都可以生产与传播新闻，这使得原有的新闻信息量激增，面对着日益增多的新闻信息，用户的注意力资源变得稀缺。这一形势让新闻媒体机构以及用户陷入两难，新闻媒体机构希望用户能够迅速接收到他们所传播的更有价值的新闻信息，用户也希望能够在短时间内获取到所需的新闻信息。为了解决这一难题，新闻媒体唯有通过智能算法推荐技术打造个性化分发机制。简单来说就是变用户自主寻找新闻为新闻根据智能匹配迅速找到用户。

智能算法推荐技术是通过开发计算机的特定算法，根据获取的用户信息建立用户模型，将新闻信息通过算法进行用户匹配，从而实现智能推荐的效果。智能算法推荐技术的首要条件是用户信息的获取与整理。这一过程可以通过各种不同的方式实现，宏观上可以分为直接获取与间接获取。直接获取主要是通过评价系统以及调查系统完成，以梨视频为例，梨视频可以通过用户对新闻类移动短视频内容的评价以及应用所推出的问卷调查等方式获取用户的喜好。此过程较为直接，但用户的参与度较低。间接获取则是通过后台统计，获取用户的地理位置、使用习惯以及兴趣偏好。间接获取相对于直接获取而言相对自然且数据真实，获取的成本也较低。通过整理获取的用户信息可以构建用户模型，即用户画像，随后新闻媒体即可以将新闻信息与用户模型进行匹配，从而实现个性化分发。移动短视频所带来的新闻信息过载的现象加速了智能算法推荐技术与新闻行业的结合。现如今新闻类移动短视频在智能算法推荐技术的作用下，传播效果得到了显著提高。现如今各种新闻媒体机构都开始运用智能算法推荐技术打造个性化分发机制，其中具有代表性的当属今日头条。今日头条的视频板块，就运用了智能算法推荐技术，依据用户注册的个人信息、用户自主搜索的内容、用户观看移动短视频的时长和喜好等数据信息建立用户模型，结合移动短视频的内容进行个性化分发。用户打开今日头条进入视频板块后所呈现的内容就是个性化分发的结果。除此之外，今日头条还会通过用户的观看习惯以及感兴趣的内容，对用户长时间观看的内容进行记录并推送相关内容，以此满足用户的新闻偏好，通过持续的内容推送实现用户的长期停留，以此增强用户黏性。个性化分发机制的形成体现了新闻媒体以用户为中心的竞争理念，通过个性化分发机制可以为用户精准推送新闻信息，降低用户的时间成本。

第四节　移动短视频新闻传播中的问题及对策

移动短视频新闻的动态性语言扩大了新闻的震撼力和感染力，直击现场式事实还原挤压了虚假信息的传播空间，在一定程度上拉低了信息传播中的信噪比，轻悦化的媒介形式和叙事方法同时利于传者形象的建立和舆论引导，然而在实际传播过程中存在着诸多因素影响了移动短视频新闻的传播效果。

一、移动短视频新闻传播中存在的问题

目前，国内移动短视频新闻市场处于发展初期，不管是内容方面、与用户交互方面，还是产品推广方面，都存在着突出的问题。但这些同时也意味着，我国移动短视频新闻的发展还蕴含着很多可能与潜力。

（一）移动短视频新闻账号资源急需盘整

在媒体大号召和内容创业潮的双重刺激下，移动社交平台、移动短视频分享平台、移动视频平台、移动新闻客户端上吸引了不少账号入驻。为迎合短视频的潮流，各类传播者纷纷建立了一套包含多个账号的新媒体应用体系。对于第三方平台来说，打造具有一定规模的账号群亦是其在短视频“战役”中布局、占位的重要一步，于是，平台运营商推出种种利好措施，这些措施又吸引到一部分业余网民和社会化专业内容生产者。

（二）移动短视频新闻用户黏性尚需提高

黏性是一个物理范畴的概念，作为一种量度标准，用来表示断裂分离油墨时遇到的抵抗阻力。通常情况下，我们将黏性与流动性设为对立方，黏性越大意味着流动性越小，黏性越小则表示流动性越大。我们借用它的特性来描述用户在接触移动短视频新闻中的一些情况。对于移动短视频新闻，其用户黏性是指用户的参与程度和脱离时的阻力程度。其中，参与程度指的是使用频率和单次使用时长；脱离时的阻力程度是指用户放弃使用时受到来自客观环境的阻力大小。这种黏性具体体现在以下四个方面：第一，用户使用率。用户使用率指的是用户对移动短视频新闻的使用频率或

浏览频率，与用户黏性成正相关。第二，用户深度阅读内容的程度，也就是说用户是蜻蜓点水式阅读，还是有阅读更多相关视频新闻。第三，用户和平台之间或用户群体彼此之间的互动性程度，如留言、转发的频率高还是低，等等。第四，用户对传播主体建立起品牌认可，潜移默化地推广和宣传，并自觉成为品牌追随者。

（三）移动短视频新闻内容质量亟待优化

整体而言，国内移动短视频新闻的内容质量不高，突出表现在以下五个方面：

（1）新闻来源多为孤证，客观性变低。孤证就只有一个新闻来源。新华社整理的《新闻报道的常见差错及处理》要求记者、编辑在面对争议性新闻时对孤证一定要十分谨慎。2017 年 5 月 12 日，微傅和微信朋友圈被一则“大连女大学生飞踹小孩”的短视频新闻刷屏，舆论一时间甚嚣尘上，该女大学生被网友指责、谩骂，乃至人肉，关于大学生素质问题的探讨沸沸扬扬。4 天后，该事件出现反转，多角度的现场视频曝光，视频显示，女大学生并没有踹到小孩，而孩子母亲也存在行为失控和语言过激的问题。该新闻话题在微博平台讨论热度依旧，但在话题导语处被网友自发标注了“万事不可一面之词”的评论。这类情况在移动短视频新闻传播中并不少见。得益于移动短视频的便利性，移动短视频新闻中有很多 UGC 内容，由于这些内容出自个体用户的独立创作，所以新闻来源多为孤证，只能代表用户自己的视角、观点。网站编辑或平台运营者在面对这些内容时通常不会进行核实，因为不具有国家认可的记者身份，他们也无法进行核实，这就会降低新闻的客观性、可信度、真实性，也会造成反转新闻现象。

（2）新闻报道题材失衡。出于定位的差异化需求、平台调性的不同、掌握资源的不同等情况，移动短视频新闻内容生产者或传播者在新闻内容与题材的选择方面有各自的工作方针和安排策略。这一点无可厚非。但是，现在不少移动短视频新闻内容生产者或传播者盲目迎合受众需求，导致最终呈现出的短视频新闻题材出现了明显的失衡。

（3）新闻报道角度偏颇。新闻角度即新闻采写者在找新闻、表现新闻时所选取的切入点和侧重点。新闻报道角度发生偏颇会导致“片面性”“污名化”现象。这在移动短视频新闻传播中较为常见。

（4）新闻标题媚俗化。移动短视频新闻不同于文字新闻或“文 + 图”新闻，新闻标题或类似于标题功能的那几句说明文字是用户判断是否要点开视频的第一标准，也是唯一标准。网民对短视频新闻浏览前要先浏览所附的新闻标题，在某种程度上，新闻标题几乎取代了视频内容成为短视频新闻的主要载体。为了通过这“第一扇窗”吸引流量，提升点击率，移动短视频新闻的标题常含有媚俗指向的字眼，特别是在以智能算法为信息分发机制的平台上。

（5）快餐式内容供过于求。快餐式内容即容易掌握的简单信息，这种内容所包含的讯息量就像可以一口吃掉的食物，可以很快被受众消化。这类内容容易激发受众尝试并参与的心理，看过不会觉得太累。移动互联网革命下，屏幕变小，人们的平均注意力时间跨度在变短。据美国国家生物技术信息中心的数据，2000 年，人们的平均注意力时间跨度是 12 秒，2015 年时只有 8.25 秒。我们的内容选择口味也随着发生变化，倾向于这些可以快速消费并容易理解的内容，移动短视频新闻因此而受到欢迎。虽说快餐式内容看起来很快，但并不一定意味着受众没有机会对内容有更深层次的理解。

但目前市场上绝大部分短视频新闻往往只展现简单的新闻事实，不仅题材缺乏社会价值，而且信息含量极少，有的甚至连新闻的五要素都包含不全。这种浮于表面的资讯不会告诉受众新闻背后的事实以及它与其他事物之间的联系。当我们浏览这些新闻时，我们只是在扩充“事实”，并没有增加“联系”。我们的知识结构会变得零碎而缺乏体系，长期接受这种快餐式内容会使得我们习惯用孤立的知识点和局限于一、二层的思维去看待问题，难以对新闻事件进行深入剖析，弱化对于复杂事物的思考能力。

（四）迭代产品推广策略推动品牌传播

短视频新闻属于媒体范畴，而媒体的经济模式一直走得是“注意力经济”的路子。注意力经济中，最重要的资源是大众的注意力，不是传统意义上的货币资本，也不是信息本身，这使得市场观念以及价值分配发生改变，其中，最明显的表现就是我们进入了一个品牌时代。打造高质量的品牌形象有助于长时间维持大众的注意力，而产品推广的过程就是输出品牌概念的过程。

基于网络各传播场景的互联网推广方式成为现下产品推广时的首选方式。常见的互联网营销推广形式有 15 种，包括搜索引擎营销、即时通信营销、聊天群组营销、病毒式营销、博客营销、网络知识性营销、事件营销、互联网口碑营销、互联网软文营销等。对于移动短视频新闻产品来说，搜索引擎营销、网络知识性营销、事件营销、互联网口碑营销、软文营销都是值得一试的方法。比起单纯的资源置换，这些营销方式可以让产品在微博、微信、知乎、百度搜索、百度知道等各大渠道有更大的曝光率，营销成分更隐蔽。具体操作方法有：创建百度百科词条，进行百度的基于搜索引擎优化（SEO）；在一篇分析短视频行业或媒体转型的文章中植入自己的产品品牌，投放在新闻传播类、科技类的微信大号；在知乎类知识分享平台进行相关提问，并自行拟定优质回答，在回答中植入自身品牌等，这些不仅是提高品牌知名度、提高用户信息接受度的有效路径，也是精准圈定用户的可行方法。

二、移动短视频新闻传播的优化建议

移动短视频新闻融合了文字、语音和画面动态视角，时间短，时效性强，互动便捷，带给用户更优质的新闻信息获取体验。国外移动短视频新闻发展速度迅速，有 Facebook、Twitter、YouTube、Instagram、Snapchat 等新媒体，也有不少传统媒体，如《华盛顿邮报》、BBC、路透社、《纽约时报》。当下国内移动短视频新闻传播过程中存在四种突出问题：传播者账号资源管理混乱；移动短视频新闻产品推广策略老旧；传播难以形成合力；短视频新闻内容质量较差，一定程度上导致用户黏性偏低，拉低传播效果。新闻传播要想借助移动短视频的形式获得更好的传播效果，就必须对其在传播过程中所产生的问题进行有效解决。

（一）职业化团队运作整合内部资源

短视频新闻账号资源闲置敷衍问题主要指向传统媒体和社会化专业内容生产者，解决这个问题的关键就在于传播者要将短视频新闻的生产和传播纳入日常的规范工作流程中去。因此，需要传统媒体和社会化专业内容生产者建设一支职业管理团队，将散布在各传播渠道内的已有账号资源进行盘整，设置专门的岗位，投入人力物力打理这些账号资源，并定期进行考核，科学管理团队。每一支队伍的搭建，都有所不同。做移动短视频新闻需要接触、处理大量的视频素材，还需要配以字幕解说，一则优质的短视频新闻离不开团队的合作。搭建一个职业的短视频新闻业务管理团队需要考虑到以下几个因素：第一，人员数量与分工。人员数量是保证一个团队长期、稳定运作的基础。从理论上讲，如果要产出原创短视频，团队的人数至少也应保持在 3 个人以上。根据发展规划和所属组织机构的性质不同，团队人数要进行相应的扩充。对于传统媒体和初具规模的社会化专业内容生产者，团队人数保持在20人以上为正常。一方面，一定数量的业务团队是合理分工的基本保障，另一方面，即使出现人员流失现象也不会影响团队工作。在此基础上，需要对这些专职人员进行工作分工，根据职位可安排团队的正、副负责人，不同小组的主管、专员等，根据业务可安排选题统筹、文案策划、后期编辑、特效剪辑等。第二，团队职业素养。短视频新闻不同于文字报道和传统电视新闻，需要保证内容适配移动观看场景的同时，保证新闻要素与价值画面同步就位，这就对内容生产者提出了更高的要求。因此，需要搭建团队时筛选具有一定专业技能基础的人员，同时建立起团队学习培训机制。英国老牌媒体BBC走在短视频新闻实践的前沿，在2016年新规范守则中对如何制作短视频新闻进行了具体规定，要求记者编辑严格遵守。作为流量收割机，英国Channel 4 News常制作出爆款严肃短视频新闻，他们一直致力于研究全新的编辑形式，以适应社交平台内容编辑工具的不断革新。我们在建立起团队学习培训机制时可以借鉴这些国外优秀案例的做法，如形成规范的操作流程，将业务研究常态化等，也可以将这些国外实践者作为学习对象，总结他们成功经验与不足之处。第三，团队奖惩机制。奖惩机制是提升绩效，激励团队士气的外界手段，可以更好地规范工作人员的行为，维护正常的工作秩序。在一套指标合理的奖惩制度监管下，短视频新闻账号的运营情况被纳入绩效考核之中，可以督促工作人员工作，避免资源敷衍闲置。

（二）立足于“人”实现使用价值增值

提高用户黏性需要了解用户在浏览短视频新闻的场景中可能会产生哪些交互需求，满足这些需求，在不知不觉中延长用户的使用时间。要做到这一点需要足够了解“人”本身的心理和行为特点？从这些心理和行为特点出发，延伸平台或产品的使用价值，给予用户超出预期的使用体验，从而增加用户黏性。

具体来讲，提高用户黏性的关键点有两个：“高频”和“刚需”。

首先，聚焦强需求，提供内容价值。移动短视频新闻对应的用户需求是人对周遭现实最新信息的获取需求，这个需求是人的基本需求，属于强需求范畴。可是，即使抓住了用户的强需求，也并不意味着能够提高用户黏性。移动短视频新闻是媒体型的业务，说到底是基于内容的，提供内容价值可以帮助用户节省其获取所需信息的成本，使用户能在最短时间内做出最佳决策，从而赢得用户的使用青睐。另外，内容价值可以形成内容壁垒，而内容壁垒一旦形成将很难被破坏。那么，如何提供内容价值？内容价值的指向仅仅是专业和严肃吗？在移动互联时代，内容价值主要表现在：内容的思想价值和匹配价值。具有思想价值的内容可以是专业和严肃的新闻，也可以是轻松和愉悦的新闻；可以是有观点价值的时政评论类，也可以是在综合分析基础上的娱乐类，还可以是具有讨论价值的社会或民生类。内容的细分领域、表述风格、新闻类型不是最重要的，最重要的是这则新闻可以弥补用户在某一方面的信息短板，引发用户思考，对用户的价值体系产生影响。可以这么说，具有思想价值的内容不是“快消费”资讯，不是过目即忘的内容，其具有一定的沉淀性、深刻性、全面性。内容的匹配价值是当下最为强调的价值。面对信息爆炸，从某种角度上讲，我们获取信息的成本有了提高。纷繁复杂的信息让我们很难快速找到自己想要的资讯，因此，我们倡导“个性化”“本地化”，今日头条类智能推荐新闻产品的快速崛起也印证了这一点。以网易新闻为例，其在 App 的订阅栏目中设置了信息聚合和新闻推荐功能，用户可以根据自身喜欢来选定和排列各类新闻内容，“地方资讯”的功能让用户可以通过 GPS（全球卫星定位系统）定位选择自己所在城市的新闻，进一步强化了新闻信息与用户的贴近性。“让信息找到用户”而不是“用户去找信息”成为移动端信息分发的法则。

其次，扩展应用场景，提供工具价值。对用户的需求及行为流程进行分析，在满足核心消费场景后，额外提供工具，拓展产品的应用场景覆盖面，让用户在更多的场景访问和使用产品，从而提升用户黏性。对于移动短视频新闻相关的产品，用户的核心消费场景即获取新闻，除此之外，还能否开发出其他衍生消费场景？“梨视频”在自家渠道内提供了视频拍摄制作功能，将 App 应用场景拓展到视频制作领域，同时，增加“收益”功能，不仅可以激励用户创造短视频新闻内容，还将商业模式嵌入其中，视频制作功能上叠加了一个类兼职的网络场景，形成“信息生产—信息消费—信息收益”的闭环。对于大部分移动短视频新闻相关产品，还有另一种模式可以复制，那就是成为信息搜索平台。当拥有了一定的内容量后，用户在该平台所能获得的不仅是“被给予有用信息”，还应该包括“能搜索到所需信息”，类似于百度搜索的功能，微博、今日头条都正在往这个方向布局。

最后，打造圈子，提供社交价值。细分行业产品本身汇聚的就是具有共同关注点的用户，互相之间可具有共同沟通的话题。新闻行业的产品对应的可能是一群对社会现实较为关注、有想法、希望表达和分享的用户，因此，平台应该为用户提供不同的圈子或小组，通过社交关系黏住用户，像“梨视频”的“我的社区”、微博的“群”、爱奇艺的“泡泡”，目前来说，能提供社交价值的移动短视频新闻相关产品不多，尤其是新闻 App 和专业的短视频新闻 App，大部分仍停留在“只提供信息流”阶段。

迭代产品推广策略推动品牌传播短视频新闻属于媒体范畴，而媒体的经济模式一直走得是“注意力经济”的路子。注意力经济中，最重要的资源是大众的注意力，不是传统意义上的货币资本，也不是信息本身，这使得市场观念以及价值分配发生改变，其中，最明显的表现就是我们进入了一个品牌时代。打造高质量的品牌形象有助于长时间维持大众的注意力，而产品推广的过程就是输出品牌概念的过程。

参考文献

[1] 陈国富. 探析大数据时代对新闻传播的影响 [J]. 传播力研究，2018 (34).

[2] 陈美辉. 数字时代新闻编辑工作的特点分析 [J]. 西部广播电视，2016 (17).

[3] 陈伊高. 互联网时代纸媒赢利模式的转型研究 [D]. 湘潭：湘潭大学，2017.

[4] 崔燕振. 互联网时代的传媒经济 [J]. 当代电视，2014 (04).

[5] 邓炘炘，李兴国主编；刘利群副主编. 网络传播与新闻媒体 [M]. 北京：北京广播学院出版社. 2001.

[6] 付海恋. 新媒体时代新闻传播主体的变迁 [J]. 科技传播，2016 (18).

[7] 高晓虹主编. 中国新闻传播研究 上 2016 [M]. 北京：中国传媒大学出版社，2017.

[8] 高晓虹主编. 中国新闻传播研究 下 2015 [M]. 北京：中国传媒大学出版社，2017.

[9] 郭全中. 5G时代传媒业的可能蓝图 [J]. 现代传播（中国传媒大学学报），2019（07）.

[10] 韩军著. 新媒体时代下的新闻传播与舆论监督研究 [M]. 北京：九州出版社，2017.

[11] 胡德才，余秀才编. 新媒体时代的新闻传播教育 [M]. 武汉：武汉大学出版社，2017.

[12] 贾瑞. 移动短视频新闻应用与实践研究 [D]. 成都：四川省社会科学院，2017.

[13] 孔冰. 探析大数据时代下新闻传播方式变革 [J]. 传播力研究，2017（12）.

[14] 孔丹羽. 移动短视频新闻的传播内容研究 [D]. 西安：西安工程大学，2019.

[15] 雷珺然. 论新媒体语境下新闻传播的问题与对策 [J]. 视听，2017（05）.

[16] 雷婷. 移动视频新闻的内容生产与传播研究 [D]. 武汉：华中师范大学，2018.

[17] 李博，侯倩. 数字时代新闻摄像的真实性探析 [J]. 科技传播，2015（01）.

[18] 李福琦. 移动短视频对新闻生产与传播机制的变革 [D]. 济南：山东师范大学，2018.

[19] 李念. 数字传媒语境中的听觉文化研究 [D]. 桂林：广西师范大学，2013.

[20] 李然. 数字技术对电视媒体的能动性研究 [D]. 哈尔滨：黑龙江大学，2009.

[21] 刘筱云. 媒介技术视野下电视新闻节目内容生产与融合传播研究

[D]. 兰州：西北师范大学，2020.
[22] 刘银娣，曹承资. 数据新闻核心价值探析 [J]. 中国出版，2017 (07).
[23] 宋雨琦. 新闻资讯类短视频的传播策略研究 [D]. 武汉：华中科技大学，2018.
[24] 王光艳. 大数据时代新闻特性的变化研究 [J]. 编辑之友，2014 (06).
[25] 王嘉文著. 新媒体语境下的新闻传播研究 [M]. 吉林：吉林出版集团股份有限公司，2018.
[26] 王俊杰，周艺霖. 浅谈数字时代新闻编辑工作的特点 [J]. 新闻传播，2014 (06).
[27] 王枢. 大数据时代传统新闻生产的变革研究 [D]. 湘潭：湘潭大学，2017.
[28] 巫菁. 新闻传播主体在新媒体时代的变迁 [J]. 新媒体研究，2015 (17).
[29] 肖倩，谢海涛，高彩云. 创新扩散：新兴技术时代中新闻研究的拓展思路——透视“数据新闻”研究脉络 [J]. 北京印刷学院学报，2019 (05).
[30] 肖霞. 网络新闻的交互性应用 [J]. 新闻传播，2015 (03).
[31] 谢磊. 数字时代传统报纸新闻生产嬗变及特点 [J]. 中国报业，2020 (22).
[32] 杨林伟著. 数字时代下的计算机辅助语言教学 理论与实践 [M]. 济南：山东人民出版社. 2015.
[33] 杨宜修. 新媒体对社会主义核心价值观传播作用研究 [D]. 长春：吉林大学，2015.

[34] 叶志卫. 探析大数据时代新闻传播的核心竞争力 [J]. 新闻传播, 2020 (12).

[35] 张聪主编. 融合与发展：数据时代的新闻与传播 [M]. 知识产权出版社, 2019.

[36] 赵晓丽. 互联网时代传媒业融合发展的现状及对策 [J]. 中国传媒科技, 2020 (09).

[37] 钟平玉. 基于大数据、互联网的新闻样态和舆情 [J]. 甘肃广播电视大学学报, 2017 (05).

[38] 周红春, 梁静. 新媒体传播环境下高校教学方式的变革 [J]. 中国电化教育, 2013 (08).

[39] 左晶主编. 新媒体时代新闻传播业的变革 [M]. 北京：知识产权出版社, 2016.